Sociologia Guatemalteca

Guatemalan Sociology

MIGUEL ANGEL ASTURIAS
1967 Nobel Prize Winner for Literature

Sociologia Guatemalteca: el problema social del Indio

Guatemalan Sociology: the Social Problem of the Indian

The original Spanish text, followed by an English translation by MAUREEN AHERN

Introduction by RICHARD J. CALLAN

Arizona State University
Center for Latin American Studies
Tempe, Arizona

Library of Congress Cataloging in Publication Data

Asturias, Miguel Angel.
  Sociología guatemalteca.

  Originally presented as the author's thesis,
Universidad Nacional de Guatemala, 1923.
  1. Indians of Central America—Guatemala—
Social conditions. 2. Guatemala—Social conditions.
I. Title.
F1465.3.S6A83 1977   301.45'19'707281   77-8270
ISBN 0-87918-035-8
ISBN 0-87918-037-4 pbk.

Sociología guatemalteca: el problema social del indio was
first printed in Guatemala City by Los Talleres Sánchez
y de Guise, December, 1923.

Published in the United States of America

Typeset by Progress Litho Service of Arizona, Inc.

Printed by Sims Printing Company, Inc.

Bookbinding by Roswell Bookbinding

ASU Bureau of Publications / 6772

CONTENTS

PREFACE

Sociología guatemalteca . . . was published in December 1923 as a "Thesis Presented to the Governing Board of the Faculty of Law, Notaryship, and Political and Social Sciences" of the National University of Guatemala; with it Asturias was invested as a lawyer and notary public. Pedro F. de Andrea, in his 1969 Asturias bibliography, wrote that "It was his first book. It is a bibliographic rarity, and few have been able to consult it. [. . .] It is of particular importance not only for being his first book, but also because it has a special testimonial and foreshadowing value." There is no question that, despite its intellectual limits and the rather awkward style of the Spanish in which it is written, it prefigures many of Asturias's subsequent social and literary commitments.

Before his death in 1974, the author had expressed his willingness to have the Center for Latin American Studies at Arizona State University undertake an edition of this singularly important document. We are grateful to M. Aguilar of Madrid for cooperation in obtaining the final necessary permissions.

David William Foster

INTRODUCTION

The doctoral dissertation of Miguel Angel Asturias, Guatemala's 1967 Nobel Prize novelist, is interesting because it stands as a sort of way station along the road that he was to travel in relation to the Maya Indians, their cause and their culture. It shows him predisposed in their favor, yes, and championing some of their rights, but still looking in at them from the outside. It was not until he had gone to live abroad that he began to feel a need to understand them from the inside, to enter into their world and discover their way of looking at things. This meant a leap outside time into the timelessness of primitive societies, which won him the gift he is known for, the gift of drawing us into that archaic world and unfolding its mystery to us. Thus, his initial humane concern grew into an affinity and admiration for the Maya Indian that became the focal point of his creative life and which it was his genius to impart to his work and his public. But all this happened after 1923, the year he completed his thesis and was admitted to the bar.

In 1921, Asturias took his first trip beyond the borders of Guatemala as delegate to the First International Student Congress held in Mexico; there he met José Vasconcelos. He had recently enrolled in the first courses in sociology ever offered at the University of Guatemala and he was preparing his dissertation on the Indian problem. Just that year, José Vasconcelos had become Minister of Education under Obregón; he had immediately taken steps to foster the nation's pride in its Indian heritage, to promote the revival of regional Indian craftsmanship and to encourage the use of Indian symbols and themes in literature and the arts. At the same time, Vasconcelos was carrying out plans for rural education and proclaiming that he would make Mexico as much the cultural center of the Western Hemisphere as New York was its industrial center. It was undoubtedly at his instigation that the Student Congress was held, and he personally welcomed the young intellectual leaders from the other Spanish American republics. He had long talks with Asturias and, of course, urged him to pursue his social studies on the Indians of Guatemala; his idea of integrating the Indians into national life through education is incorporated into Asturias's thesis, as well as some elements of the opinions he then held in favor of mixed races.

Returning to Guatemala after his talks with Vasconcelos, Asturias went to visit native villages to see for himself how the Indians had to live. As he states in the thesis, he felt that the problem should be approached by studying social reality, not merely by reference to abstract principles of sociology such as were expounded, presumably, in his classroom. He defended his thesis in December 1923 and a few days later he sailed for Europe. His close friend and fellow student, Epaminondas Quintana (mentioned in the thesis) had just been seriously beaten up by the secret police for publishing abrasive comments on the government, and there was no reason to suppose that Asturias would be spared.

The year before going to Mexico, when he was twenty, he had been party with other university students to the overthrow of President Manuel Estrada Cabrera (April 15, 1920). At Asturias's suggestion, the group later elected to be known as the Generation of 1920, in memory of the promise which that year had held. It was a vigorous and promising group, though in the long run Asturias felt that it did not live up to its promise: his last novel, *Viernes de dolores*, and another he never finished, treat of his disappointment. After the dictator's downfall, Asturias organized the Association of University Students with headquarters where members would meet and discuss their plans for the nation's future. They envisioned a whole new concept of laws, art and religion that would be in harmony with Guatemalan reality, rather than a misfit copy of European models.

One of their projects was a People's University, a free school for adults. The idea for such a school, which would be open to everyone and where classes would be held during evening hours without books or tuition, was the brain-child of their friend Barba Jacob, the eccentric Colombian poet. But it might never have gone beyond the stage of discussion without the drive and determination of Asturias, who was forever striving to overcome by word and example what he considered to be the Latin American foible of making grandiose plans that were never carried out. In 1922, four students founded the People's University: Asturias, his friend Epaminondas Quintana, David Vela, the writer, and Carlos Fletes Sáenz. In addition to literacy, hygiene and ethics, the aim was to teach the underprivileged their civic rights and duties; they prevailed on professional men of all ages to become volunteer teachers. The ultimate aim of course was to build a better Guatemala. Those were happy times for idealistic youths.

Such is the immediate background against which the thesis was being written. There was also time for poems, articles, stories. Asturias told of having whiled away the time after the 1917-18 earthquakes by writing a short novel, *Un par de invierno*, during the months when he and his family lived in a tent.

Actually, the thesis was written in the name of all his fellow students in the sense that it reflects their concerns. The author sets forth its limits with modesty: he does not pretend to have any solution to the problem he tackles (although he certainly makes a lot of proposals in the last three chapters!). This was ever the students' posture, or at any rate it was that of Asturias: politics were not his profession, he only endeavored to raise questions, to stimulate thought, to open minds . . . . What system, which doctrine, whose gospel should replace the inapplicable ones that prevailed in Guatemala? he reminisced some years later in an open letter to David Vela; these questions were and must continue to be their daily bread.

With these expressed doubts in mind, let us turn to the thesis itself. The gist of its argument is this: the Indian has degenerated physically and psychically from his once proud state due to a policy of subjugation, and, though he constitutes two thirds of the population, he lives outside the national community. What is to be done to revitalize him and to integrate him into the nation? The immediate steps to be taken (other than returning his lands to him, of which there was, he knew, no likelihood), are to improve nutrition, to reduce workloads and to educate him for the things he needs to know: agriculture, animal husbandry, hygiene, the Spanish language. Nevertheless, changing the circumstances in which the native lives does not go to the root of the problem: new blood is needed to revitalize him. Guatemala should take a cue from the United States and Argentina and open its doors to European immigrants, farmers from the Low Countries, Switzerland or Germany, who by means of miscegenation would biologically improve the stock of the Indians.

At first, it comes as a surprise that any such idea could have emanated from Asturias, because in a way it denies the intrinsic value of the Indian race and its culture. But that was not its intention. I think that in fact "purity" of blood in the theoretical, racist sense was an alien concept to him and never entered his mind. He was not thinking in cultural terms, but in terms of a pragmatic solution to an immediate situation. He held that to be a mestizo was a peculiarly Latin American privilege, because it meant being able to draw upon the spiritual treasures of both the Indian and Spanish races, if one wished, and therefore to him the mixture of bloods looked like a plus. Besides, did he not boast of his own partly Indian ancestry and take pleasure in his Mayan features?

What is certain is that the thesis examines the Indian in terms of the white man's civilization, a method that seemed only natural in an era when positivism prevailed and most people thought that Indians were a discredit to the country. Within a year, however, Asturias discovered a drastically different point of view. He came under the influence of Georges Raynaud, an original thinker who taught at the Sorbonne and who spent a lifetime studying the ancient Maya texts and trying to understand the Indians on *their* terms, without preconceptions. This man's insight into the functioning of the primitive mind was undoubtedly the origin of that singular ability to convey the life experience of his Indian characters, which is the mark of Asturias's fiction.

During his Paris years, Asturias was also caught up in the surrealist movement, where enthusiasm for the unreal and for primitivism sought to topple the rule of reason over the arts. He saw that the surrealists' subjective vision of the world, which expresses subconscious or irrational processes, was analogous to the prerational state of mind of primitives, who project their needs and their fears upon nature, and can hear an animal telling them what they need to know, or watch a tree carrying their enemies away, which is what happens in *Popol vuh*. In this way the surrealistic experiment played into his hands, so to speak, by confirming the artistic feasibility of exploring the Indian mentality. In later years he used to distinguish between French surrealism, which was an intellectual attitude, he said, and his own surrealism, which he preferred to call "magic realism" because it corresponds to the natives' existential attitude, half dream, half reality.

In 1971, Asturias wrote a foreword for a reprint of his thesis prepared by Claude Couffon in Paris. He says that the Indian's situation in Guatemala has not improved in the intervening half century, but that he no longer favors the immigration and miscegenation that with youthful exuberance he once proposed, for experience shows that immigrants do not mix with the Indians: they merely turn into new masters. Also, the question of incorporating the natives into Western culture has to be reconsidered. Inasmuch as the Guatemalan Indian has within him the elements of another culture that attained astonishing heights in many fields, those elements of his native culture and of his own personality must be fostered and the means provided for him to develop his own way of life, to apply modern techniques to his culture and eventually to contribute to ours if he so chooses. Nevertheless, Asturias concludes, the protest of his thesis is still valid and stands as a challenge to the total abandonment of the Indian and the exploitation to which he is subjected by the so-called upper classes and by foreign capital.

In this respect it is appropriate to mention that there is now a development project at Chimaltenango, Guatemala, that is being conducted in the spirit outlined by Asturias, namely, by assisting the Indians on their terms, adapting modern technology to fit their ways and providing the means, when possible, for them to decide their own destinies. Dr. Carroll Behrhorst, who began his work in 1962, found that most of the Indians' ailments (diarrhea, tuberculosis, pellagra) are caused by malnutrition, which is the result of poverty, landlessness and exploitation — the total existential problem as Asturias identified it. On the principle that it is more important to prevent illness than to cure it, Behrhorst turned his efforts toward changing the whole life situation of the community and curative medicine gave precedence to land tenure, agricultural and marketing procedures, nutrition and hygiene. For example, to make land available to Indian farmers, a revolving loan fund managed by the natives buys up tillable land when it comes on the market and makes low-rate loans available so that individuals may purchase small tracts — without stopping to wait for that Utopian day when "they" will return the land to the Indians!

These are some of the same measures that Asturias had proposed. Just as he claimed in 1971, his thesis is basically sound, though its tone is paternalistic and its estimation of the Indian harsh, even ludicrous on occasion — Indians have ugly faces indeed! (section 10). What has fortunately come between us and the readers it was intended for are the achievements of ethnologists in recent decades concerning Indian beliefs and ethos. This new knowledge has provoked wide interest for Indian peoples, and it is evident that lives so close to the fundamentals of survival, having the tenacity to maintain racial pride, mores and principles over centuries of oppression, hold more than an idle appeal to Western man whose sophisticated civilization threatens to disintegrate around him. We sense that they may be wiser than we are and that their culture may become necessary to us.

● ● ●

Some explanatory notes on the text may be useful:

1) Chapters VII and VIII on miscegenation and immigration seem to have been an afterthought, developing Chapter VI, where the manuscript originally concluded; the table of contents in the original pertains to the initial version.

More carelessness shows up in the text where certain passages are disjointed, as if spoken in a heated discussion, and some are barely intelligible. This is puzzling considering that it was a dissertation that someone in authority must have passed on, and that furthermore it was awarded a prize (Premio Gálvez).

2) Section 13. *Suyacal (zuyacal)* is a rain cape made of palm

leaves. *Zutes (tzutes)* are handwoven utility cloths varying greatly in size, color and use; they are, for example, the heavily brocaded head covering for the men of Chichicastenango, or the squares used as back slings to carry babies or the symbolically colored napkins used to wrap sacred articles.

The native industries which Asturias made so little of in those days are certainly not on the way to extinction. Besides Indians, they now provide even ladinos and foreigners with a livelihood. Textiles, often marvels of intricate and creative design woven on hip-strap looms, are produced in abundance for tourists and for export, as well as for the Indians' own use. Asturias has since written articles extolling native crafts: the clay figurines and pots, the carved wooden masks used in ceremonial dances, and the other articles sold in Guatemalan markets, which he termed living museums of folk art; handicrafts sometimes figure in his work, e.g., the box of miniature shepherds in *Mulata de tal*, the unique mask in *Soluna*. Shortly before he died he wrote one of his "legends" in conjunction with an exhibit of Guatemalan artifacts held at Princeton; entitled "Legend of the Woman of Ashes," it is largely devoted to celebrating the beauty and variety of Indian *huipiles* (a blouse-like garment) that differ from village to village.

3) Section 17. Regarding Indian religious beliefs, it is clear from the studies of Rafael Girard, the brilliant Swiss ethnologist who has worked fifty years among Indians, that the spiritual leaders of the Mayas, viz., the priests of the agrarian cult, do have the concept of an omniscient and omnipotent diety — not the Christian God, however, but the sun. According to Girard, Maya Indians have but two gods, the sun and the moon, and the gods of war, corn, fertility, the goddesses of rain and the earth are but manifestations of those two; in some respects even those two are one. It is true that in Guatemala many of these dieties have assumed Spanish names for reasons of expediency, obviously causing some confusion among the uninitiated natives.

4) Section 19. Whereas Asturias felt that the Indian family lacks cohesion, the contrary is true among the highland Cakchiquels. One of the features that makes the Behrhorst hospital such a success among them is that families are allowed to move in with the patients; relatives sleep on the floor and prepare the familiar foods so that hospitalization need not disrupt family life. This is an example of serving the Indian on his own terms.

5) Section 26. *Cacaxte:* a crate-like wooden carrier, three to four feet high, carried on the back and secured by a tumpline. Even human beings may be thus transported, as for example some of the sick who are brought to the Chimaltenango hospital.

6) Section 27 refers to an annual liquor payment by which each town or village contributed to the national income. According to Rafael Girard, the town of Nahualá, having prohibited the establishment of a liquor store, had to pay a tax none the less in order to compensate the government for the loss in fiscal revenue. From France Asturias later wrote an article, "The Supreme Injustice," assailing the ruling classes for promulgating the law that fostered drunkenness.

7) Section 29. The paragraph telling about the custom of selling young girls clarifies certain passages in *El Señor Presidente*, namely, the child inmates of the brothel El Dulce Encanto and the bizarre sale of Niña Fedina, which gave some critics cause to dub it a Gothic novel.

8) Chapter VII, part I. The Chimaltenango project verifies the assertion that Indians are not opposed to education, but only to the kind then given in ladino schools, which was useless to them. Scores of natives have been volunteering to take intensive training as medical and agricultural assistants in order to treat simple diseases and to promote social and agricultural health in the remote mountainous areas where they live. In a 1926 newspaper article developing his thoughts on the educational system of Guatemala, Asturias reasons that an agricultural country bent on educating its children to become city folk (and mostly lawyers at that) is headed for destruction, and that the Indian is right to shun such schooling since any son of his who gets an education is lost — he never comes back to the community. To prevent just such disruptions and alienations, the Indian health promoters and other trainees at Dr. Behrhorst's clinic go for their training only certain days a week, while continuing their usual work and keeping their family and community identity.

9) Chapter VII, part III. "Let us educate the Indians to concepts of solidarity and cooperation." Concepts of solidarity and cooperation they have always had and applied — but among themselves. In fact, such concepts account for the deep attachment each Indian has for his village. In a study of the esoteric meaning of the *Popol vuh*, Rafael Girard shows that the mythic models of solidarity and cooperation were set forth in this Maya book of wisdom. I refer to the exemplary story of how the Four Hundred Boys, laboring together to transport an enormous pole, dealt with the anti-social individualism of Giant Zipacná, who insisted on lifting the log by himself: they decided to kill him because it was "not good for him to do that."

10) Section 30. Perhaps the notion that the Indian's racial background was "insufficient for life" made some sense in the context of their alleged decadence, but we can also deduce the opposite: that if they endured hundreds of years of persecution and survived in such numbers that they exceed the ladinos two to one, their racial aptitude

for life is high. Indeed, Dr. Behrhorst has made the observation that Indians are an extremely biophilic race.

In this last chapter Asturias refers to his countrymen's propensity for spinning plans instead of putting them into effect (not an exclusively Guatemalan trait!). In a short story of this period, "The Lesson of La Fragua," he humorously develops the discomfiture of some locals when a foreigner arrives and carries out all the projects for getting rich that they had discussed for years, and they end up by working for him.

He also alludes to a topic that he was to develop at length in the Banana Trilogy when he speaks of the barricades raised in the path of Guatemala's progress by American trusts (the United Fruit Co.) and by "the courtesy calls" of American destroyers from Panama.

The comments about the Chinese are so extravagant that they are comical (they are not meant to be); they sound like the humorous ballad about the "Heathen Chinee" that Bret Harte wrote for Truthful James. All in all, though, this chapter's fervent call on Guatemalans to rethink their attitudes and the appeal for altruism and for patriotism in its best sense are moving. Was it the same passion that Asturias used to convince so many people to give of themselves at the People's University?

● ● ●

We can attribute the most serious errors and weaknesses of this document to the limited vision of a society hamstrung by dictatorship. No matter how rebellious Asturias and his fellow students may have been against their milieu, they were its product. Moreover, in 1923 societies more progressive than that one were still gravely shouldering the white man's burden. I tend to sympathize with Asturias's overall tone of urgency, perhaps even with the device of exaggerating the Indians' state of degradation, adopted, possibly, with a view to moving some state official to action, although nowhere is it said if anyone was ever so moved.

As I said at the start, the pages of this thesis are important and revealing. They show that Asturias did not spring from the womb fully armed for combat in favor of the Indian: the ultimate position he reached was also an intellectual achievement such as anyone may hope to realize. He said that when he was about four he used to play with Indian children, but when he started to learn Indian words, his grandfather would not let him do so; when he was fourteen he loved to sit in the patio of his parents' grocery store listening to the talk, the songs, and the stories of Indian merchants who put up there for the night. And then at twenty-four he went to Europe to study economics, but he ended up at the Maudslay Collection of Mayan Art in the British Museum and in the classes of Georges Raynaud. During all those years he seems to have been torn between these opposite poles, the attraction that the Indians held for him and the formation he received from his cultural upbringing. His dissertation betrays this unconscious tension, which accounts for the fact that his pleas for a loving, vital approach to the natives alternate with brutal appraisals of them that echo the canons of the social order. How he came to resolve this conflict can only be surmised; he said that he did not find his own identity as a writer until he discovered the Indians and recognized himself in them, and we know that this happened in the intellectual atmosphere of Paris. This, in my opinion, is the essential message and value of the thesis — not the details of what he said and whether he was right or wrong, but what it tells us of his character, how it was shaped and, eventually, reshaped.

All readers have reason, therefore, to congratulate the Center for Latin American Studies for placing within their reach this important and little-known landmark in the life and works of Miguel Angel Asturias.

Richard J. Callan
University of New Hampshire

MIGUEL ANGEL ASTURIAS

Sociologia Guatemalteca:
el problema social del Indio

GUATEMALA,

DICIEMBRE DE 1923

CONTENIDO

PRELIMINAR

En momentos de crisis, cuando las ideas, las hipótesis y las creencias sufren una nueva revisión y es, sin duda, posible que se desvalorice a algunas; cuando la incertidumbre humana trata de salvar a sus ídolos y no consigue su objeto porque la mueca descreída de las muchedumbres se lo impide . . . (Mañana de Siglo XX) . . . de mi deber he creído valuar este momento de la vida nacional, sin que fueran óbice mis pocas aptitudes; haciendo de antemano honor a la promesa que he de dejar jurada, en lo que hace a la ayuda científica que como profesional debo prestar a Guatemala.

La fórmula que pide "la ciencia por la ciencia," expresión harto estrecha y repugnante, no permite la más noble actividad del hombre: el amor. El amor que es en cierto modo divino y que da alivio en forma de enseñanza, de pan, de agua y de consuelo, en un exceso de vida para los demás. "La ciencia por la ciencia" ha sido practicada por la casta hermética de nuestros profesionales y hombres de estudio. Sin dejar de sentir el dolor de que la vida no se armonice con nuestro pensamiento, como quería el poeta castellano, frente a la fórmula: "la ciencia por la ciencia" se alza para nosotros la fórmula de "la ciencia para la vida."

El ideal de perfeccionamiento que encierra este trabajo, no es de construcción dialéctica, se basa, por el contrario, en hechos que moverán a escándalo a los pusilánimes y a los que profesan el conformismo doctrinario. La libre investigación de la realidad que incesantemente varía es ya un camino de perfección. Precisa sobreponerse a los rutinarios y creer en el porvenir que trae incólume un tesoro de remedios para nuestros males.

En el cuadro social que copio hay un fondo de optimismo, en cuya posibilidad está superar los momentos, anticipar la hora y engendrar, apartándose del tradicionalismo que en manera alguna podría hacer luz en esta nueva contingencia social, la doctrina sencilla de la vida, en su sencilla expresión de campos y ciudades transitadas por hombres felices.

Concibo la perfección de estos pueblos y emocionado os entrego un trabajo que quiero, usando un símil, sea en vuestras manos: la llave que con suavidad abra el arca de donde tomen los hombres un poco de vida para levantar su mente y abuenar su corazón.

Finalizo, y sin que sea justa paga ni tributo bastante, reciban mis padres, Licdo. Don Ernesto Asturias y Doña María R. de Asturias, el presente que les hago de este acto.

CAPITULO I

Introducción

1. El problema indígena

¿Que el problema no es nuevo? En ninguna otra parte como aquí se puede decir más propiamente que en el mundo no es nuevo sino lo que se ha olvidado

En todos los tiempos, desde Las Casas hasta nuestros días, las civilizaciones indígenas han prestado cuestionarios harto complejos al estudio de las diversas ramas del saber humano. Hombres de reconocido mérito científico se dedicaron a especular en este campo, antes y hoy todavía inexplorado; y no alcanzarían muchos meses para hojear los volúmenes escritos, los más de los cuales de oídas sabemos que existen en museos y bibliotecas de las ciudades europeas.

Historiadores, religiosos, militares, doctores, filósofos, economistas y, ¿a qué mencionar más?, dedicaron su laborioso entusiasmo: ora a vestir de nuevo las huesas de Incas y caciques, caudillos y princesas, las ruinas de templos y ciudades, fortalezas y palacios; preparándonos los bellísimos relatos que con tanto gusto saboreamos, de las fiestas religiosas que, en el decir de algunos cronistas, revestían caracteres de hecatombes; de las guerras entre los imperios, del fasto de las casas reales, de todo lo que dió en tierra cuando llegaron a estas playas, un poder y una civilización distintos, en tres carabelas miserables. Ora a enseñar a los pueblos una nueva doctrina y un nuevo arte de la guerra; ora a elaborar leyes y consejos en defensa del aborigen, que, con verdad puede decirse, envidia la suerte de las bestias.

El asunto no es nuevo, pero es innegable que después de todo lo que se ha dicho, el indio sigue, como antes, olvidado por parte de aquellos a quienes la nación confió sus destinos y por parte de los gobernados que formamos la minoría semicivilizada de Guatemala (profesionales, estudiantes, comerciantes, periodistas, etc.)

Prueba de lo primero es nuestra legislación. Veamos y, parece mentira, entre el gran número de leyes vigentes dadas para la minoría semicivilizada, pasan desapercibidas las que conciernen a los indios que constituyen la mayoría de la población de Guatemala. Y es natural, las asambleas (este es el hecho) están formadas únicamente por representantes de esa minoría, a esa minoría están unidas por afectos e intereses y a esa minoría responden de sus actos.

No se me diga que éste es un concepto falso, que a las mesas electorales concurren todos, porque si aquel es falso, éste es ridículo. Ninguno ignora nuestras farsas eleccionarias. Puede también argüirse que las leyes tienen carácter general, que abarcan a todos sin distinción alguna y que en tal caso el indio participa de ellas. Pero lo que parece un argumento irrefutable no vale más que un discurso de los muchos que se dicen entre nosotros sobre las leyes, el derecho, la moral y la justicia. Cuestión de decir palabras, porque la realidad es otra, el hecho es diferente: la mayoría indígena vive fuera de la ley.

Prueba de lo segundo (el olvido de los gobernados) es el silencio con que las clases capacitadas del país ven al aborigen hundirse en la miseria y en el vicio. No precisa refrescar en la memoria el espectáculo de esas tropas de indios que, en el más bajo escalón de la desgracia humana, alzan los ojos al cielo y a la patria que así los abandonan.

El problema no es nuevo, pero está olvidado.

2. Sociología guatemalteca

El estudio de la realidad social guatemalteca es urgente. La resolución de los problemas nacionales no puede intentarse con los conocimientos abstractos de sociología que tenemos. En estas cuestiones los caracteres privativos de cada organismo social se deben estimar y conocer muy a fondo. Esta individualidad del alma colectiva de la Nación guatemalteca exige de nuestra parte algo más que las generalizaciones a que llevan los textos, fórmulas que se aprenden de memoria, el análisis y conocimiento de su territorio, población y antecedentes históricos y raciales.

El estudio de la realidad social guatemalteca es urgente, para conocernos, saber cómo se cumplen las leyes sociales entre nosotros y qué nuevas corrientes de pensamiento y acción deben darse a los pueblos para vigorizar su alma y enderezar su cuerpo.

En este campo sin explorar el "sentido de la tierra" que dice Nietzsche, ha de servirnos como intuición. Con su ayuda estudiaremos el pedazo que nos tocó en el globo (territorio) y el pueblo que lo habita (población).

El estudio de nuestras sociedades ha de ponernos en posibilidad de hacer de Guatemala una nación racial, cultural, lingüística y económicamente idéntica; en cambio de esta Guatemala de hoy, formada por civilizaciones distintas, donde no pueden entenderse los conciudadanos porque hablan diferentes dialectos; convivir porque tienen opuestas costumbres y contrarias aspiraciones, y donde unos son inmensamente ricos y otros terriblemente pobres.

Esta nivelación porque abogamos, en modo alguno tiende al estancamiento letal de nuestras fuerzas; ya que, cuando se haya logrado, nuevas y más vigorosas corrientes animarán el alma humana en su infinita ansia de poseerlo todo: de la misma manera que en otros pueblos, después de alcanzarse la igualdad social, religiosa y política, ahora se lucha encarnizadamente por la igualdad económica.

Sin el estudio de nuestro territorio y población seguirán siendo las leyes de un empirismo lamentable y los gobiernos, como hasta la fecha seguirán al fracaso. Es ilógico gobernar y legislar para pueblos cuya naturaleza y condiciones de vida se desconocen. La autoridad se convierte en verdugo (tiranía), y el ciudadano vegeta en el medio, degenerado y débil, o se alza en ardientes revueltas.

Hace falta una Sociología Guatemalteca, y el anhelo de contribuir a su formación me inclina a tratar este asunto. Confieso mis escasas aptitudes para responder al llamado que la juventud recibe de los espíritus activos. En cierto modo no he hecho sino recoger, cristalizar, dar unidad a los ideales que distinguen a la juventud que conmigo vivió horas de esperanza en los bancos de la escuela. Ideales, grandes intentos, sentido de las realizaciones, todo lo que las estrellas idiológicas traen para acá.

3. Aspecto nacionalista del problema

El vínculo nacional, es el resultado de factores importantes, tales como la lengua, la tradición, la raza, las costumbres, y la comunidad política y de territorio. En el campo de la historia se observará el predominio que tuvo cada uno de esos factores en la constitución de las nacionalidades. La identidad de razas, de lenguas, creencias religiosas y hasta el criterio de las fronteras naturales, agitaron a Europa en sucesivos cambios y la agitan todavía. Connotados tratadistas, viejos en achaques de pensamiento, han conocido del asunto; sinembargo, por tratarse de Guatemala, lo tocaré en la parte que con el problema indígena se relaciona.

Si es verdad que la lengua, la tradición, la raza, las costumbres y la unidad política contribuyen como factores esenciales a la constitución de la nacionalidad, la comunidad de aspiraciones es más valiente a mi entender y debe informar nuestro criterio en la formación del espíritu de nacionalidad en Guatemala.

La Nación guatemalteca está formándose. No existe todavía como resultado de solidaridad entre sus miembros, unidad de cultura y comunidad de aspiraciones. Somos un pueblo inconsciente de su unidad, formado por razas distintas que hablan lenguas distintas, lo que no importaría, si no fuera porque tenemos a la vez diversos grados de cultura y por las mismas aspiraciones contrarias.

¿Hasta cuándo esta diferencia? El indio representa una civilización pasada y el mestizo, o *ladino* que le llamamos, una civilización que viene. El indio forma la mayoría de nuestra población, perdió su vigor en el largo tiempo de esclavitud a que se le sometió, no se interesa por nada, acostumbrado como está a que quien primero pase le quite lo que tiene, incluso la mujer y los hijos; representa la penuria mental, moral y material del país: es humilde, es sucio, viste de distinta manera y padece sin pestañear. El ladino forma una tercera parte, vive un momento histórico distinto, con arranques de ambición y romanticismo, aspira, anhela y es, en último resultado, la parte viva de la nación guatemalteca. ¡Valiente nación que tiene dos terceras partes muertas para la vida inteligente!

Queda pues, de nuestra parte la resolución del problema indígena, como camino abierto para cimentar sobre hechos nuestra nacionalidad.

4. Este estudio

No podemos conformarnos con las imperfecciones de la hora presente, ni cerrar nuestras puertas a los vientos que, como si vinieran de otros mundos, nos traen noticias de las conmociones que padecen los hombres luchando por alcanzar siempre una situación mejor; y en tal virtud, por ese justo anhelo de mejoramiento, al estudio y resolución del problema indígena, que a todos por igual nos toca resolver, debe contribuir cada uno con su parte.

Esta tesis, escrita con ese fin, en su honradez y lealtad, no llega a vislumbrar siquiera la resolución del problema y se conforma con haber penetrado a las sombras que lo envuelven y estar en ellas con los ojos abiertos, en busca de un camino o de una luz que lo señale.

CAPITULO II

Sociografía Indígena

5. Cuestión histórica

La vida humana se nos presenta primero en la historia narrativa. Las leyendas, consejas y supersticiones que pasan de una generación a otra, si es cierto que no pueden tomarse como exactas y su autenticidad se pone en duda, en el fondo encierran una realidad que vive: la realidad social.

Del estudio de la Historia que, por otra parte, se ha encargado de comprobar, ordenar y justificar lo que en boca de la narración no pasaba de ser un cuento de hadas, surgió la Ciencia Nueva, que es como Vico llamó a la Sociología.

Para estudiar el medio social indígena, debemos remontarnos a sus primeros tiempos, seguirlo en la época de la colonia y traerlo con nosotros de la Independencia a nuestros días. Esta reproducción analítica de sus diversos estados sociales constituye la sociografía indígena.

Por la índole del trabajo este estudio sociográfico es breve y el autor lo adicionará más tarde. Se trata de un boceto, una simplificación, una mirada de conjunto a los estados sociales porque el indio atravesó, con el objeto de asegurarnos el terreno para el estudio de su problema actual.

6. Epoca prehispánica

Existen en Guatemala los restos de las civilizaciones indígenas que la tierra y las selvas escondieron al español, como si hubieran tenido conciencia, guardándolas para testimonio de los tiempos futuros. (Quiché, Quiriguá, Tecpán, Mixco).

En Guatemala se alzaba la nobilísima Utatlán, asiento de los Reyes Quichés; Patinamit, corte de los bravos Cakchiqueles; Huehuetenango de los mames; Tza-Pockomá de los pockomames y otras más.

A la venida de los españoles, Utatlán estaba en su apogeo. Su rey Kicab Tanub trataba de subyugar a los mames; y a los tzutujiles, famosos a la sazón en su corte de Atitlán.

No menos importantes eran en esplendor y poderío las ciudades de los Señores Cakchiqueles.

La organización política de aquellos reinos era bastante perfecta. Pasma encontrar la institución de los *ahguaes* que eran quienes hacían valer el derecho de rebelión de los pueblos contra sus reyes, cuando tales se hacían crueles o tiranos.

La religión la encontramos unida a los negocios de Estado. La religión indígena ha merecido por parte de los historiadores un completísimo estudio. Casi, casi se han reconstruido los ritos, puesto de pie a sus dioses, levantado sus templos; y, por excelencias de la imaginación, sus sacerdotes abandonan las tumbas y ofician nuevamente a los ojos extraños de quienes venimos a reemplazarlos, en el sitio que ocupaban, después de muchos siglos.

En cuanto a la familia, debe decirse que lejos de constituir el suave ambiente donde crece la prole y anidan los afectos más caros; de ser la trinidad perfecta que los arias representaban al decir: hombre-mujer-niño, o tener el dulce aspecto de la familia helena, era de ocasión, sin vínculos ni intereses que ligasen entre sí a sus componentes. El hombre aprovechaba a la mujer para saciar sus instintos y tenía tantas mujeres cuantas podía mantener. Entre los indios, a la familia no cabe denominarla tal.

La división social del trabajo guardaba semejanza con la nuestra: al hombre se encargaban los oficios fuertes y a la mujer los de la casa: el alimento y la prole.

Las fiestas eran de carácter religioso y, como hasta la fecha, alcanzaban ruidosas ceremonias, bailes, imprecaciones, sacrificios; todo lo que pasó, más o menos modificado, a las celebraciones religiosas que acostumbran hoy día.

No es mi ánimo recargar esta ligera memoria con los datos de que a la fecha se dispone. Todos están en posibilidad, si les interesa, para rectificar errores, comprobar asertos, por curiosidad meritísima o anhelo de conocer la historia de su tierra, de abrir los volúmenes que guardan el tesoro de aquellas épocas.

Tomadas por el autor las grandes líneas que presenta la actividad social indígena, en la época prehispánica (organización política, religión, familia, división del trabajo, etc.), surgen estas preguntas: ¿En qué estado social se encontraban los indios a la venida de los españoles? ¿Eran salvajes? ¿Eran bárbaros? ¿Eran semi-bárbaros? ¿Eran semi-civilizados? ¿Eran civilizados? Cuestión harto compleja que voy a contestar.

Advirtiendo la identidad de vida que el hombre prehistórico ha debido llevar en todos los lugares de la tierra donde hizo su aparecimiento, partamos de ese primer estado al estado de civilización, analizando los estados intermedios, y encontraremos la respuesta.

Desde luego, con respecto a los indios, en el momento en que examinamos su realidad social, se descartan el primero y segundo estados sociales: *salvajismo y barbarie; y* en cuanto a la *semi-barbarie*, haré algún comentario.

Al estado de semi-barbarie, lo caracteriza un principio de organización. Las ciudades semibárbaras gozan de paz. Sus habitantes son unidos y ricos. Se establece en ellas una forman rutinaria de aplicar la ley; saben del culto religioso y conocen la marcha de los astros. Hay suma tranquilidad en las ciudades, orden en las actividades, regularidad en el trabajo y abundancia de conocimientos prácticos. Engrandecimiento político y administrativo, y organización de la fuerza pública.

El estado de semi-barbarie puede desearse como el más grato de los estados sociales, en el decir de algunos sociólogos, ya que en él el individuo y la sociedad se equilibran.

Volviendo a nuestro punto de estudio, entre los indios encontramos una organización admirable, escesiva en el pensar de los historiadores: "divididos en porciones de diez individuos, los mandaba un decurión y así sucesivamente tenían jefes de a cincuenta, ciento, mil y diez mil pobladores. El jefe inferior informaba al superior hasta llegar a noticia del Cacique o Monarca la más insignificante circunstancia del estado regido, se puede decir, militarmente."[1]

Las poblaciones indígenas gozaban de paz y abundancia. "Rara vez, el hambre era una plaga, porque la nación poseía sus depósitos de comunidad, reservados al tiempo de escasez."[2]

De sus cultos ya nos ocupamos; conocían la marcha de los astros y habían dividido el tiempo por lunaciones de veintiséis días.

El orden presidía sus actividades. Habían reglamentado hasta el derecho de rebelión (ahguaes).

El adelanto administrativo merece especial mención así como la manera de sucederse en el trono las familias reinantes.

Sus conocimientos prácticos habían avanzado mucho. Existieron botánicos y zoólogos que poseían los secretos de plantas medicinales cuyo valor curativo se ignora en nuestro tiempo.

Estos datos y los que la ilustración del lector me excusa de enumerar, son suficientes para responder que el estado social de los indios, a la venida de los españoles, era el de semi-barbarie.

Creemos oportuno repetir que los indios eran semibárbaros y no civilizados, como correintemente se dice; y para mejor comprensión de nuestra tesis, hacemos párrafos sobre lo que debe entenderse por civilización.

La civilización está caracterizada por el desarrollo de las actividades de un pueblo en los tres sentidos: industrial, intelectual y moral.

_____

1 y 2 Batres Jáuregui. *Los Indios,* página 75.

En la historia no encontramos pueblo alguno que haya alcanzado tal desarrollo. En Egipto dominó el industrialismo (Período Tebaico); en la India, el intelectualismo y en China, el moralismo.

La civilización sigue siendo el ideal de los pueblos y, acaso en el devenir de los tiempos, por causas imprevistas y por el esfuerzo regular del hombre, llegue una nación al desarrollo completo de sus actividades, como trabajadora, pensadora y virtuosa. Sólo así podrá llamarse a esa nación civilizada.

Desde el punto de vista de la Sociología, volviendo a nuestra cuestión, dijimos que los indios eran semi-bárbaros. Pero así como tratándose de otros pueblos que sin que hayan realizado el ideal-civilización, se les llama civilizados tomando en cuenta el desarrollo parcial de una de sus actividades, séanos permitido usar a nosotros el término civilización para los indios.

7. Epoca Colonial

Don Cristóbal Colón llegó a América. El azar histórico trajo a don Pedro de Alvarado y Contreras a Guatemala; y él fué el Conquistador.

La conquista se hizo con toda crueldad. Valga, para nuestro orgullo, el poderoso contingente que opusieron aquellos hombres al invasor, la una y tantas veces que quisieron sacudir el yugo y el grito de desesperación que en la distancia de los siglos no se ha perdido todavía, y aún se sacude en nuestra sangre.

Haciendo el esquema de la situación en que quedó el indio, merece mencionarse, antes que todo, la donosa manera de pensar de aquellos tiempos, muy cómoda a la verdad para justificarse de los crímenes cometidos, de que los indios no eran hombres.

Los indios fueron sometidos a la más dura esclavitud. En nombre de un dios que ellos desconocían, se botaron sus altares, sus ídolos y templos; a un Rey extraño se sometieron sus Reyes, y la codicia vergonzante de los blancos le dió valor al oro que aquellos despreciaban.

Las luchas de la conquista, el hambre que hubo de sobrevenir a tal derrumbamiento, las persecuciones inacabables de que fueron objeto los nativos, las sequías y las pestes; convirtieron comarcas florecientes y vigorosas en desiertos, y centros fabriles y agrícolas, en heredades de soledad y desconsuelo.

"En los populosos Reynos de Guatemala, había más de tres millones de habitantes en un extenso territorio, antes del Siglo XVI, y quedaban solo seiscientos cuarenta y seis mil sesenta y seis, según el censo de 1810, relativo a todo el Istmo Centro Americano."[1]

"En el informe estadístico del partido de Suchitepéquez que

---

1 Batres Jáuregui. *Los Indios,* páginas 117 y 118.

emitió el Alcalde Mayor, don Juan Antonio López, con fecha 26 de Mayo de 1814, se lee lo siguiente: "Tenía en principios del Siglo XVIII, veintiocho pueblos florecientes y bien poblados. En el día apenas cuenta diez y siete, de los cuales solo cinco están medianamente poblados, que son: Santo Domingo, Mazatenango, Cuyotenango, San Sebastián, Quezaltenango y San Antonio Retalhuleu. Los once perdidos se aniquilaron en menos de setenta años y de los demás ni vestigios se hallan en el día."[2]

Como causas de la devastación se mencionan, entre otras, las emigraciones, el hambre, las guerras y las fatigosas jornadas a que se sometía a los indios, dándoles muy poco alimento y abandonándolos cuando enfermaban, para que murieran a la inclemencia del cielo, por evitarse la molestia de matarlos.

Analizando la situación del indio bajo el dominio español, debe hacerse ver que, con el criterio de que eran animales, se les trató como a animales. De ahí el poco empeño que se puso porque el indio asimilara de modo racional los usos y costumbres de los dominadores.

Entre el español y el indio existía la barrera infranqueable del idioma. Al indio le parecía un animal extraño el español. Un animal nuevo que surgió en las selvas, se apoderó de ellos y de su Señor. Al español, por lo consiguiente, le pareció el indio un animal salvaje; y nunca llegaron a comprenderse. Entre los errores grandes que se cometieron, está el de haber querido que la inteligencia rudimentaria del indio, de la noche a la mañana, asimilara la civilización de un pueblo que en aquella hora era el más adelantado de Europa.

A indios politeístas, sin darles explicaciones, tratóse de hacerles creer en un solo Dios; como si esto fuera fácil. A indios polígamos, se hizo tomar una sola mujer sin otra explicación que la que da el más fuerte: "porque yo quiero."

Y esa separación que existió entre el español y el indio, tuvo un margen de doloroso recuerdo.

La inteligencia del aborigen, como esas gotas de rocío que se adhieren en las mañanas primaverales a las hojas y cuando alumbra el sol, reflejan con microscópicas porciones el paisaje, pudo haber tomado los matices de la civilización española; pero la mala sangre de los aventureros, que en ningún caso podían ser representativos del alma hispana, hizo fracasar la fusión de donde, sin duda, iba a nacer la raza nueva.

En esta época, por razón de las penalidades quizás, la familia indígena volvía sobre sus pasos, y se habría restablecido si el español no la hubiera matado en sus comienzos.

Sin noción en esos tiempos de los derechos individuales, se arran-

---

2 Batres Jáuregui. *Los Indios.* páginas 117 y 118.

caba al indio de su hogar para viajes de los que no volvía nunca o volvía enfermo; o bien, mientras laboraba la tierra de su señor, este iba y abusaba de la mujer y sus hijas que, indefensas, no podían hacer otra cosa que entregarse.

Relajamientos de esa especie, mataron en el indio los sentimientos familiares, que un período de zozobras y tristezas había ido formando. Para la pobre raza vencida se cerró otra vez la puerta que guarda los afectos más grandes, y siguió siendo la mujer "cosa" que "usaba" en sus borracheras o "usaba" su señor, y los hijos, animalitos para vender.

Así como en la época prehispánica, en tiempo de la colonia, la familia india no existió con sus atributos de tal. Fué de ocasión, por necesidades fisiológicas.

La Ley de los Medios se cumplía ineluctablemente.

"Toda fuerza social, al pasar de un medio sociótico a otro medio sociótico, se quebranta en sentido de más o en sentido de menos: en sentido de más, cuando pasa de un medio enfermo a otro sano; en sentido de menos, cuando pasa de un medio fuerte a un medio débil."

El progreso, que después de incontables convulsiones había alcanzado España, fuerte y vigoroso, resultado de una vida social bien constituida, pasó a América y, concretando a Guatemala, cuyas sociedades existían en formación, se quebrantó en sentido de menos.

Errores, injusticias, violencias e imposiciones, arroja el Capítulo Colonial de nuestra historia.

Nada alcanzó a salvar al indio. No fueron bastantes: la intención bonísima de sus Majestades, los Soberanos de España; las Leyes de Indias, acuciosas y simpáticas; ni la prédica cristiana de algunos buenos hombres.

La miseria y el fanatismo les reducían, y de su carne rebelde nacieron generaciones cobardes. La raza indómita, como se la califica, fué sustituida por *macechuales* inconscientes, fanáticos, inermes y pesimistas.

Con esta sustitución se iban perdiendo las costumbres. El indio tomaba de las nuevas lo que mejor se acomodaba a los restos de las suyas, viniendo a resultar una mescolanza que, más que en ninguna otra parte, puede verse en las ideas y ritos religiosos.

Es incuestionable el esfuerzo del indio por asimilar el producto exótico traído a su medio social; prueba su inteligencia y la facilidad con que hubiera asimilado las bondades de la nueva civilización.

En ese esfuerzo, ¡quién sabe si consumió el resto de energía que le quedaba! . . .

"Apuntamientos sobre la Agricultura y Comercio del Reyno de Guatemala," se titula un valioso documento que formó el Dr. don Antonio Larrazábal en el año de 1810, en el que puede apreciarse con alguna exactitud la situación de los indios en los días próximos a la independencia. Estractamos uno de sus párrafos:

"Jamás nos cansaremos de clamar en favor de los indios de Guatemala que nos tocan más de cerca: la justicia lo requiere en razón de sus derechos y esty estado. Esta clase la más numerosa de la población del reino, pues la hemos hecho ascender a seiscientas cuarenta y seis mil seiscientas sesenta y seis almas, afianzados en buenos datos, es la que según hemos indicado, trabaja más que las otras, resultando casi todo su trabajo en beneficio y comodidad de ellas. A pesar de esta verdad resuena continuamente en nuestros oídos que los indios son unos haraganes, flojos, indolentes, borrachos y que si no se les apremia con rigor, nada hacen, porque son como las bestias. ¿Y quiénes son los que les hacen tales acusaciones y tan indignamente los vituperan? Aquellos mismos que si no fuera por los indios, perecerían de necesidad: aquellos mismos que no emplean su tiempo sino en puras bagatelas y operaciones fútiles, cuando no perjudiciales, y aquellos mismos, que aun trabajando, si se compara su trabajo con el del indio, se encontrará más pequeño que el de éste."

Para "la mejora de costumbres, agricultura y felicidad de los indios," dice el Dr. Larrazábal, "convendría estatuir los artículos siguientes: (extractamos dos) 1.) El indio tendrá campo propio del ejido de su pueblo, distribuyéndosele la porción de tierra suficiente luego que se case, en que pueda sembrar lo necesario para mantener su casa todo el año, pagar sus contribuciones, vestirse, y que le quede algún sobrante. 2.) Estas tierras se les darán en absoluta propiedad, para sí y sus sucesores, sin que sus justicias puedan ya despojarlos de ellas, como ahora lo hacen en muchos pueblos: pero sí los obligarán a cultivarlas en el caso de indolencia del propietario."

El período colonial, representa para el indio el desgaste de sus fuerzas materiales, morales e intelectuales, en ese gran esfuerzo de adaptación que realizó para asimilar las costumbres que se le imponían, defendiendo las suyas en algunos casos, mezclándolas en otros y perdiéndolas en los más.

La Ley de los Medios se cumplió ineluctablemente.

8. De la independencia a nuestros días

Mientras el indio seguía postrado, con los ojos puestos en su tiempo y su dominio, el artificioso gobierno colonial abortaba en una independencia que no sabemos a punto cierto si loar o condenar. Hay en nuestra independencia mucho de ese estado romántico y ambicioso que agita a las minorías del país.

Independencia de la minoría para la minoría. El indio, la masa aplastante, era incapaz y sin ideales. Para el indio la independencia representa un cambio de amo; y nada más. Como antes, siguió siendo esclavo, *persona miserable* que decían las Leyes de Indias. Como antes se vió forzado a trabajar en tierras ajenas, perseguido, y echado como carne de cañón a las guerras que sostenían por cuestiones baladís sus nuevos amos.

Parece que un hado malo se hubiese propuesto hacer abortar a nuestras sociedades. El estado social de los primitivos pobladores de América iba en camino de perfección. Por ley natural, las sociedades, siguiendo la marcha cíclica del sol, se levantan y alzan hasta su apogeo, para declinar después. Obedeciendo tal ley, aquellas sociedades caminaban hacia su apogeo, cuando aviesos destinos truncaron su marcha, y pueblos reducidos a cenizas fueron el asiento de las colonias españolas, que más tarde formaron las Naciones del Continente, con la etiqueta pomposa de Repúblicas.

Nuestra Independencia no tuvo que ver con la mayoría del país que siguió siendo esclava.

El 22 de Noviembre de 1824, la Asamblea Nacional Constituyente declaró abolida la esclavitud. Este hecho, pensamos, ha de remover al indio, ¡hasta aquí el dolor de esa raza vencida! . . . Nada pasó, el indio siguió en su mismo estado de siervo, trabajando forzadamente con pretexto del adelanto de la Agricultura del país. Los *mandamientos* señalaron terriblemente esta época. El susto de la minoría semi-civilizada por la bestia que se le iba, la hizo afianzar más sobre sus lomos la carga, atarla a su lado con deudas crecidas, y señalarla profundamente con su látigo de horrorosa memoria.

La abolición de la esclavitud no tuvo que ver en nada con la mayoría aplastante del país, que siguió siendo esclava.

El 8 de Enero de 1877 vino la Ley de Redención de Censos, y su buena intención en manos de la minoría, puso un nuevo dolor en el alma indígena. Fué así como al indio después de un largo calvario se le arrancó lo último, el pedazo de tierra que en común conservaba de su poderío y dominio, cayendo en manos de los terratenientes ladinos que le obligaron a vender, o de las autoridades o particulares poco honrados que le despojaron.

El 25 de Octubre de 1893, por Decreto Gubernativo, se suprimieron los mandamientos; sinembargo, el indio siguió y sigue siendo el animal de fácil explotación. El indio perdió la rebeldía, y cansado en el tiempo y en el dolor que lleva de ser bestia de carga, no da muestras de vida ni se aprovecha de estas leyes.

La familia indígena durante la época que cuenta de la Independencia a nuestros días, no puede decirse que ha llegado a su constitución. El indio es poco afectuoso y sólo su desgracia y su miedo lo han hecho buscar el refugio de la choza, donde habitan su mujer y sus hijos.

9. Resumen

Epoca prehispánica: La situación económica, favorable. El indio, cuyo abolengo arquitectónico era grandioso, vivía cómodamente: la clase rica vivía con esplendor. La religión no era mala, sus leyes eran sabias para su época. Su Gobierno, convenientemente organizado, respondía las necesidades, condiciones y tendencias de aquel tiempo. La agricultura era floreciente (muchos de los cultivos que hasta la fecha se hacen, se hacían entonces).

Epoca colonial: La situación económica del indio era mala. Se le hizo vivir en ranchos de zacate seco y cañas. La religión era una mezcla pagano/católica. Al indio se le redujo a sirviente del cura; pagaba diez-

CAPITULO III

Sociorganología

10. El individuo. Cómo es un indio.

Aspecto físico exterior: Nuestras observaciones son de conjunto, manifestamos poca confianza en su resultado y siempre queremos pensar que después podrán hacerse en toda forma.

A su cutis áspero, le da un aspecto lustroso la abundante secreción sebácea, que puede verse, sobre todo, en las manos y en la cara.

El cabello es de firme color negro, *espinudo*, como se le llama vulgarmente, y se extiende con toda regularidad sobre la cabeza, abundando hacia adelante, a la altura del frontal. Recuerda una brocha.

El bigote es rígido, grueso y escaso, en la barba ya las patillas tiene dos o tres pelos negros.

Sin escalas cromáticas para clasificar el color del iris del ojo, a la simple vista, creemos que predominan los colores negro y castaño obscuro.

Una fisonomía de suyo fea le dan: la nariz y la boca anchas, los labios gruesos, las comisuras hacia abajo, los pómulos salientes, el ojo oblicuo amortiguado, la frente estrecha y las orejas grandes y sencillas, con el lóbulo adherido en muchos casos.

Para el color no contamos con escalas cromáticas; sinembargo, viendo la parte interna del antebrazo que es la menos expuesta a la intemperie, decimos que es cobrizo.

Las mujeres difieren muy poco de los hombres, debe hacerse notar: más finura en el cutis, los ojos de un brillante color negro, muy hermosos, las manos y los pies pequeños y el cabello abundante.

La estatura del indio es por lo común corta, sus manos proporcionadas y los pies anchos y largos.

Respecto a esta materia está todo por hacer, y es de esperar que el trabajo no se realizará en mucho tiempo, porque en una absurda concepción de la vida, vamos creyendo que todo se resuelve por la casualidad; ¡milagrosa vida! . . .

Psicología. Quien haya leído la parte sociográfica de este estudio, determinará al momento cuál es la psicología indígena, en alguna de sus características.

Sentimiento moral, utilitarista; mentalidad relativemente escasa y voluntad nula.

Es cruel en sus relaciones familiares; silencioso, calculador, no se deja arrebatar por la pasión ni el entusiasmo; ríe con una mueca terrible, es huraño y ve con los ojos helados de malicia.

Para el dolor moral o físico es muy poco sensible. Ve venir la muerte sin miedo: valor pasivo, valor de sufrimiento: estóico.

Los niveles intelectuales máximos a que llega son difíciles de marcar; pero sí se sabe que tiene la comprensión muy lenta y es terco.

Habla español, perturbando fonéticamente el vocabulario, repitiendo las mismas palabras y con una sintaxis lamentable.

Psicológicamente tiene aptitudes para abogado, político, militar y agricultor. También es notable su facilidad para imitar (cualidad de las razas inferiores) gracias a esta facilidad es hábil para la arquitectura y el dibujo; pero es incapaz de crear.

11. Territorio

El territorio guatemalteco es de una belleza desconcertante. Anima y apena saberlo. Tierras fertilísimas en donde por un grano se devuelven ciento; montañas intocables en su altura de ahogada expresión azul; costas de playas suaves y acantilados vigorosos; ríos que hacen fácil la comunicación entre los pueblos, lagos y lagunas cuya sola enunciación es una promesa de vida, climas diversos en los que vegetan varios grupos de población, cuya raza y costumbres son muy desemejantes; pequeños poblados en valles extensísimos y ciudades de algún vigor económico y comercial.

¡Qué hermosura, qué reinado vasto para la libertad y las excelencias mayores![1]

12. Propiedad de la tierra

En la época prehispánica, entre otros sistemas de propiedad de tierras, existía el comunal. Los indios subsistían mediante su trabajo en la tierra común, aprovechando los frutos directamente. En la época colonial la propiedad agraria disminuyó entre los aborígenes; pues los conquistadores les despojaron, volviéndose terratenientes, e invocando para dar a este despojo visos de legalidad, la bula del Papa Alejandro VI, quien basado en las falsas decretales de Isidoro, dió a los Reyes Católicos la propiedad de las tierras de infieles en América, al resolver, con una especie de laudo arbitral, la cuestión que sobre su propiedad sostuvieron España y Portugal. Sinembargo de todo, por la constante

---

[1] *El Grito.* Gabriela Mistral. 1922.

defensa que muchos varones ilustres hicieron valer ante la Corte Española, algunos pueblos conservaron las tierras que les correspondían, situación que prevaleció durante la colonia, y parte del tiempo de independencia, hasta las Leyes de la Reforma.

En 1877 se dió la ley de redención de censos, y entonces el indio perdió su derecho en la tierra, ya por enajenación que hizo a los grandes terratenientes, o ya porque usando medios reprochables éstos y las autoridades, les despojaron de las parcelas que les correspondían con justo derecho.

Hoy día se sigue arrebatando al indio el dominio de su tierra. El que haya pasado por nuestros Tribunales, sabe como aumentan sus terrenos personas poco escrupulosas.

La historia de nuestra propiedad agraria explica claramente el desequilibrio que a la fecha se ve en Guatemala: ciudadanos o, lo que es más grave, Compañías extranjeras que poseen extensiones enormes; y ciudadanos que no tienen un palmo de tierra.

"Los terrenos de Pamaxán y otros, propios para café, han sido arrebatados a los indios y en vez de dárselos a ellos mismos, en lotes particulares, que constituyesen su propiedad privada, se los han repartido unos cuantos, que a título de políticos de encrucijada y estadistas de baratillo se han hecho unos cresos en pocos años."[2] Y así como Pamaxán en otras partes.

13. Producción

Puede afirmarse que la producción vegetal consiste principalmente en maíz y frijol.

Las industrias indígenas, muy rudimentarias, se encuentran repartidas por distintos puntos de la República y algunas van a extinguirse. (Huepiles, petates, suyacales, escobas, alfarería, juguetes de barro, zutes, fajas, ceñidores, etc.)

Los pequeños terratenientes, explotan algunas veces la cría de aves de corral, y en más reducida escala, la de ganados lanar y cabrío.

Como resultado del desequilibrio de tierras a que antes nos referimos, el desequilibrio en la distribución de vegetales alimenticios es alarmante.

Hay años en que la miseria y el hambre no son gritos líricos, sino realidades que desconciertan.

14. Habitabilidad

Las condiciones de habitabilidad son favorables en casi toda la

---

[2]Batres Jáuregui. *Los Indios*, página 193.

República. Aguas y manantiales potables. Más adelante haré referencia a las enfermedades que contribuyen a la mortalidad.

15. Su vida política

El indio ignora que Guatemala es una República, e ignora sus derechos y sus obligaciones de ciudadano. Los primeros, porque jamás se los han explicado; y las segundas, porque solo las conoce como servicio militar, contribuciones y trabajos forzados en la cabeceras.

Personas que ignoran lo escrito anteriormente, son individuos a quienes también importa muy poco que Guatemala sea República representativa y popular.

La vida política del indio se reduce a saber que en la Capital hay un señor Presidente, en la cabecera un señor Jefe Político, y en su pueblo un Alcalde que tiene los atributos de Señor Feudal.

La única manifestación que a este respecto presenta el indio, es el cariño absoluto y casi irracional que siente por su pueblo. No comprende la existencia de la República, el concepto de patria es para él enigmático, no sabe ni siquiera lo relativo al Gobierno Municipal; pero quiere a su pueblo entrañablemente.

De todo lo dicho se desprende que el elemento aborigen no tiene vida política y que, constituyendo la mayoría de la población de Guatemala, en tanto esa mayoría no viva para la actividad de que nos ocupamos, seguiremos siendo un pueblo en que el derecho no existe. Una nación en donde la ley es universalmente ignorada, está expuesta a sufrir enfermedades sociales tan terribles como el *politiqueo,* el *militareo y el revolucionismo.*

La falta de conciencia jurídica de que nos quejamos, es el resultado de ese continuo estado social de romanticismo político en que nuestra minoría vive, y esa absoluta inconciencia de la mayoría.

Ya se pueden escribir leyes muy sabias, prestar a las legislaciones adelantadas de los pueblos cultos sus valiosas normas, resultado de juiciosos estudios y serias conmociones sociales; ya podemos blasonar de República sovietista, merced a ese rasguñar de ideas que la minoría hace en libros y escritos extranjeros: que todo será infructuoso. Enfermedades sociales tan arraigadas no se curan con leyes ni con discursos.

16. Su vida civil

La vida civil, tan necesaria al hombre, como que es la que establece el orden social en lo que más directamente toca a sus afectos e intereses, no alcanza al indio; y si lo alcanza, es en forma de expensas elevadas por celebración de matrimonio e inscripciones de nacimiento y defunción. Ni siquiera una noción rudimentaria hay de todo ello en él, y es así como, no obstante los años transcurridos, cambia de mujeres, vende a sus hijos, los empeña, o a su muerte se los hereda al patrón para que cubran su deuda.

Hágase un detenido examen del malestar que se percibe cerca de sus usos y costumbres, actos que repugnan al sentimiento de moral menos exigente y quiebran todo valor humano en el alma; pues son la negación de la vida, que sólo se explica cuando es anhelo de perfeccionamiento. Todo vocablo es reducido para dar sincera expresión de su existencia de bestias relajadas por el aguardiente, la chicha y el ardor del trópico.

Por otra parte, esta ignorancia de la ley civil les hace presas fáciles de la codicia del ladino que, con incalificable mala fe, les invita a comparecer como otorgantes de contratos en que enajenan su propiedad o prestan sus servicios, despojándoles de sus tierras y sometiéndoles a la esclavitud más oprobiosa.

17. Su vida religiosa

La vida religiosa del indígena presenta caracteres de mucho interés para nuestro estudio, y es lástima que a la fecha no se haya emprendido un trabajo serio en este orden; el único menos bajo de su actividad, que correlativo con el que sobre su parte física se emprendiera, daría bases para la resolución de sus problemas.

No todos los santos de la iglesia son igualmente estimados por el indio, hay uno que ocupa por lo regular el altar mayor y es el santo patrono del pueblo, para quien guarda todo su cuidado y consideración. El santo patrono es el que realmente gobierna al pueblo. A él acude, como autoridad suprema, en demanda de justicia, a él llega si la *milpa* está *riesgosa*, si la mujer o un hijo están enfermos o *embrujados*.

Al santo patrono está dedicada la fiesta titular del pueblo, y el indio hace economías para gastarlas en esta ocasión. El verdadero fervor religioso es para él, a quien desde la época colonial está encomendado el cuidado del lugar y, como es natural, el indio solo ve la parte materializada del santo, y de allí que no conciba que se le pueda cambiar, y que cuando se destruye, en el pueblo la desesperación sea general.

El indio ha hecho una mescolanza de su primitiva religión, con la religión católica. Es una transacción que se ha conservado en el correr de las generaciones. Los bailes indígenas, según el decir de los cronistas, fueron transformándose en los que en la actualidad emplean en las celebraciones religiosas. Las deidades de la guerra, la lluvia, el maíz y otras, renacieron en forma de santos. Los cristos que más gustan al indígena son los que muestran un derroche de sangre, lo que hace pensar que todavía recuerda sus ritos sangrientos.

La idea de Dios Omnipotente y Omnisciente no la tiene el indígena.

Especial mención hay que hacer del culto que por la cruz hay entre ellos. En cualquier momento de peligro al par que se dirigen al santo patrono hacen la cruz. Por lo general en todos los ranchos hay cruces y en los caminos se las encuentra en el lugar donde hubo un "matado," o a la entrada de los pueblos. Esta cruz es de gran importancia; ante ella se descubren los indios con más respeto, hacen profundos acatamientos, la besan, le dejan flores y piedras; pues hay la creencia de que el cansancio se quitará del viandante si pone una piedra a los pies de la cruz.

En la iglesia de los pueblos de indios puede juzgarse su psicología religiosa: grandes cuadros representando las penas eternas, la más burda materialización de los preceptos católicos; sebo en los pisos, sucias las paredes y en todo el recuerdo de la cueva de brujerías.

Es raro encontrar un indígena que no pertenezca a alguna cofradía. Desde los *principales* hasta el último, son cofrades, y cada uno contribuye a los gastos, que si se estima, por una parte, la pobreza en que viven, y por otra, el derroche de aguardiente, candelas y comida que hacen, parece increíble.

He tocado con mayores detalles el cuestionario religioso, porque en la vida indígena es el que más alcances toma.

La influencia, moralizadora que sociológicamente se presta a la religión, no se ejerció en el medio indígena; ya que si se compaginan nuestros apuntes y los datos que puedan reunir otras personas, fácilmente podrá notarse que entre los indios la religión dió origen al más deprimente fanatismo.

Es innegable que el implantamiento de la religión católica entre los indios fué un factor de civilización; pero también es así mismo innegable que no contribuyó a moralizarlos.

Precisa tomar en cuenta que, según nuestro esquema psicológico, el indio, aún en sus ideas pagano-católicas, es utilitarista. Los sentimientos altruistas no se manifiestan en su vida religiosa; y por el contrario, aún en ella, encontramos al calculador, al que reza, ofrece exvotos, ceras, aceite y bailes, por una recompensa que va a recibir. Hay en la religión indígena un marcado carácter de locación de servicios.

En conclusión, el indio sigue siendo politeísta, existen junto a él, a su modo de entender, dioses que lo guardan y dioses que lo dañan, todo lo reduce a una burda expresión, lo materializa, deificando la materia, por ensalmo o virtud de fuerzas que él compara a las de los brujos, y el más infame utilitarismo lo ahoga en sus caudales.

18. Su vida privada

Para examinar la vida privada del indio hacemos esta división: los que habitan en las fincas o haciendas y los que habitan en los pueblos.

El patrón o dueño de la finca o hacienda que aparece como su protector, y que fué quien quizás lo despojó de sus tierras, le da lugar para que viva y siembre, y por un corto salario trabaje en su propiedad.

La vida que los indios hacen en las fincas, es infeliz. Generalmente habitan un rancho compuesto de piso de tierra apelmazada; paredes de cañas, separadas una de otra media hasta pulgada, y techo de paja. Duermen en el suelo y comen en cuclillas agua de chile, caldo de frijol y tortillas, que componen todo su alimento.

Trabajan diariamente de seis a seis y se embriagan los domingos y días festivos.

Las bestias tienen más libertad.

En los poblados el indígena vive más bien, no quiere decir esto que haya mejorado su deficiente alimentación y no esté expuesto al abuso de los patrones y jefes del lugar.

Las principales relaciones del indígena se dirigen, en el terreno espiritual, a su compadre. El compadrazgo es un vínculo que une más a los individuos que el de la sangre; los compadres se quieren más que los hermanos. En los caminos donde se encuentran, se hacen profundas reverencias; se guardan mutua confianza y ayuda; se *merecen*; estrechas formas de etiqueta indígena que dan la medida de sus cumplimientos.

Del amor tienen una idea confusa, residuo de sus primitivos tiempos y donde a la vez puede observarse la psicología utilitarista del indio.

La vida privada del indio carece de alcances y se manifiesta con mayor vigor en los asuntos religiosos; a este respecto, anteriormente se expuso lo necesario.

El individuo (indio) lleva pues, en las sociedades indígenas, una vida sin importancia, vegeta; y usando un símil, es como esas plantas que olvidadas se van secando en tierras sin remover.

19. La familia indígena

La familia indígena sigue en su decaimiento, sin llegar a constituirse con los caracteres de tal, siendo de existencia puramente ficticia.

Ya en otro lugar se hizo ver que era un lazo puramente fisiológico, y cabe ahora extenderse, siquiera sea muy brevemente sobre otros de los caracteres que la distinguen.

Hablando de la psicología indígena, señalé su sentimiento utilitarista, y así como en su vida religiosa se manifestó, en la familia se presenta también. La familia indígena es víctima del utilitarismo de sus componentes. Por lo común se ve entre los hermanos desapego y hasta odio; y es natural, aquí la lucha por la existencia señala como enemigo al que comparte la porción alimenticia y el lecho. Para el indio su hermano es en la familia, una boca más, y cuando de por medio existen tierras, su odio llega al exceso porque, a su manera de entender, el hermano viene a quitarle lo que le correspondía como heredero.

Legalmente la familia no existe en la mayoría de los casos. Es incontable el número de amancebados entre los indios, ya por falta de recursos para contraer matrimonio, ya por creer bastante perfecta la unión de esa manera, ya por la general aceptación que en el vecindario tiene; lo cierto es que viven así, sin diferencia alguna con los que han legalizado su unión.

A la venida de los españoles, dije ya, la familia indígena sufría una terrible decadencia, un caso de anemia social. Estaba próxima a desaparecer, como desapareció en Atenas, en Roma y ahora casi, casi entre nosotros.

La familia, es la base de la sociedad, sin que esto quiera decir que siempre haya de ser o que siempre haya sido; pues como órgano está llamada a desarrollarse o a desaparecer. Aceptemos hasta hoy esta base de la trinidad hombre-mujer-niño.

Cuando la familia está minada muy hondo por una anemia que la inutiliza, da por resultado esos grupos sociales que en pequeñas poblaciones, sin cohesión ni amor, realizan su vida miserable, en el vicio y en la ignorancia.

Si es verdad que el individuo es la célula social y el papel que le está encomendado no puede discutirse; pues sin él no se concebiría ninguna sociedad, la familia no es menos importante, como el primer medio social donde la célula-individuo actúa. Lucha al principio con las necesidades más rudimentarias, vencidas éstas, se extiende más, toma a su cuidado la educación de sus componentes y en ese sendero de perfeccionamiento, alcanza cimas apreciables. La virtud y el honor le son constantes, la fe y la esperanza guardan su valor en ella, en las épocas difíciles, y el amor es el más puro de sus atributos.

CAPITULO IV

La Población

20. Población guatemalteca

Es incuestionable que en Guatemala existen dos civilizaciones distintas. Fundamentalmente señalamos dos.

El derrumbamiento de las primitivas civilizaciones indígenas, no pudo arrastrar la parte que en forma de usos y costumbres quedaba en los que le sobrevivieron sometidos al español. Y esa parte salvó a la época de la colonia en forma de tradiciones que de generación en generación fueron pasando y alcanzan a nuestros días.

El español no se cuidó ni un momento, con honrosas excepciones, de hacer tomar al indio en las fuentes de su civilización la nueva vida que en forma de nuevas leyes, religión distinta y costumbres contrarias, la traía. Dejó al indio con su idioma y, a cambio de oro, convino en las transacciones que la fuerza de las circunstancias exigían, ya en asuntos políticos o en creencias religiosas. Así se fué quedando el indio y a la fecha está cuatrocientos años atrasado.

El indio no pudo, ni ha podido, ni podrá incorporarse de un golpe a la cultura avanzada que tiene la minoría. Su situación es la de un niño que de la noche a la mañana se tornase adulto.

Cabe, pues, señalar al presente dos grandes grupos sociales en Guatemala; correspondiendo el primero a la mayoría constituida por el elemento indígena; y el segundo, a la minoría, comprendiéndose en él a los ladinos.

21. Civilización indígena

Alimentación. Hoy, como en la época prehispánica, la alimentación del indio está constituída fundamentalmente por el maíz, el frijol y el chile. Nos hemos informado de individuos cuya situación económica ya les permitiría una mejora en su sistema alimenticio, y que conservan sinembargo la primitiva costumbre.

El maíz es consumido comunmente en forma de tortillas, tamales y atole. Su riqueza alimenticia y los cientos de años que el indio tiene de usarlo, hacen que sea indispensable para él.

El frijol, en cuanto a las cantidades que el indio consume, debe estimarse como otro de sus alimentos predilectos. Su riqueza como alimento es idéntica a la del maíz.

El chile es usado para darle sabor a la monotonía de la alimentación, sinembargo, suele acontecer que lo toman en grandes cantidades y en este caso, deja de ser considerado como condimento y forma ya parte de la alimentación.

Vestido. No obstante el tiempo, el indio conserva sus primitivos trajes. La india sigue usando su huepil muy adornado, y en cuanto al indio varía con las regiones el vestido que usa. Ambos traen los pies descalzos y sólo en los caminos usan de *caites.* Los niños de origen indígena hasta cierta edad, se mantienen generalmente desnudos.

Habitación. Desde hace muchos años, hasta nuestros días, la habitación del indio está constituída por el rancho.

Medicamentos. La usanza de vegetales de aplicación medicinal, continúa todavía, y se les llama con su primitivo nombre indígena.

Actividades intelectuales. Lo que a este respecto pueda encontrarse, viene desde muy atrás y ha sido trasmitido verbalmente. Por lo general todo tiene un marcado sabor religioso. Las *relaciones* que dicen los *moros y cristianos*, en los bailes; la *relación* que al encontrarse sirve de saludo a los compadres, etc., etc.

Actividades materiales. La mayoría de indígenas se dedica a la agricultura; pero aún trabaja conforme a primitivos sistemas, herencia de sus antepasados. No cambia en lo más elemental, aunque esté convencida de que redunda en mejora de su cosecha o heredad.

La parte industrial ha sido expuesta anteriormente y no obstante la influencia que operó la civilización española, muy poco han variado los procedimientos, y el predominio que aún conserva la característica indígena supera y está más arraigado.

22. Civilización moderna

El término moderna lo usamos en relación al atraso indígena, y corresponde generalmente a los mestizos.

En alimentación, habitación, indumentaria, así como en las ideas estéticas, religiosas y éticas, este grupo difiere fundamentalmente del indígena.

Sin hacer nacer esperanzas del ladino que tiene grandes taras en su contra, hay que decir que vá en camino de perfeccionarse, no sólo porque ha salvado la barrera del idioma, sino porque rompió con sus costumbres y se esfuerza por asimilar otras nuevas.

En este grupo, como cúspide, puede ponerse a la minoría semi-civilizada que llamamos antes.

23. Censos

La importancia que para la Sociología tienen las investigaciones estadísticas, exige rigurosa exactitud por parte de los que en ellas trabajan.

Erradas y de ningún valor serán las conclusiones a que se llegue si se basan en datos que procedan de operaciones poco escrupulosas.

Previo recuento de la población, deben realizarse investigaciones de carácter etnográfico, ya que de esta manera se adquieren valiosos datos, sobre muchos aspectos de la vida de los habitantes, para formar los cuadros de clasificación.

Estos aspectos son: el de *raza, sexo, nupcialidad* (solteros, casados, viudos, unidos, e indefinidos), *civilización, religión* (pagano-católicos, católicos rudimentarios e indefinidos), *alfabetismo* (los que saben leer y escribir, los que sólo saben leer y los que no saben leer ni escribir), *idioma* (castellano, *lengua*, castellano y *lengua* e indefinido), *ocupaciones* (aquí se hará mención de su estado económico), *origen.*

Siendo nuestro país de distintas condiciones culturales que los países europeos, tiene que ser diverso el método que se emplee para las investigaciones estadísticas en la población.

La falta de higiene de las poblaciones indígenas, hace que sus habitantes mueran en grandes cantidades o arrastren una vida enfermiza que los reduce a la inactividad. Contrasta la fertilidad de la tierra y la gran variedad de vegetales alimenticios y aguas potables que rodean los poblados indígenas, con el aspecto físico de decadencia que los habitantes presentan.

Las necesidades materiales, (alimentación), no se cumplen por el indio como y cuando quiere. Los aspectos sociales, culturales y morales no tienen manifestación en este medio.

Las casas en los poblados, están aisladas en el fondo de los *sitios,* en donde generalmente crecen plantas y árboles de utilidad inmediata.

Sequías, epidemias, emigraciones y otras causas hacen disminuir la población regional rápidamente.

La población y el territorio fueron estudiados en este capítulo de sociorganología porque son entidades íntimamente ligadas con el individuo, la familia y el Municipio.

La poca libertad de que goza entre los indios el Municipio, y su falta de recursos, lo hacen llevar una vida semejante a la de los vecinos que representa.

La anemia social que en la familia se observa se repite en el Municipio. El Municipio es un órgano que antes de su desarrollo tiende a desaparecer. Un órgano que no existe más allá de las varas llevadas por los Alcaldes, de las destartaladas salas municipales donde cuelga un escudo nacional pintado bárbaramente, de la cárcel que lo hace respetable y de las festividades del pueblo en que consume gran cantidad de pólvora.

La inconciencia ambiente le niega valor, y en lugar de ser un guardián de los intereses locales, de responder a las aspiraciones y necesidades de los habitantes, es motivo de congoja por la amenaza que encierra, máxime cuando el Alcalde es un ignorante, pues entonces el Secretario *es todo*, y cuidado con el Secretario, que casi siempre resulta ser un pícaro de gran renombre.

CAPITULO V

Sociopatía

24. Fenomenos degenerativos

Nos hemos enfrentado con los puntos complejos y de difícil resolución que forman el problema actual indígena. Para tomar mejor conocimiento de las cuestiones que atañen a la vida social, precisa saber si los dos grandes grupos en que hemos dividido la población guatemalteca, avanzan o retroceden, para poner, en este caso, los medios aconsejados por la ciencia y conjurar el peligro. No vamos a conformarnos con los que aceptan las predestinaciones que condenan a ciertos pueblos a la ruina.

Sin optimismos que desentonen la temperatura de serenidad con que estas cuestiones deben tratarse, ni pesimismos que abulten defectos y empeoren situaciones, nos detendremos a decir algo de la parte que corresponde al elemento indígena, sobre averiguar si avanza o retrocede.

Debe hacerse el balance de las fuerzas nacionales para dirigir con seguro paso la marcha de Guatemala hacia el futuro. Si hay energía, más de seguros estaremos satisfechos de saberlo; y si falta, trataremos de inquirir la causa, y al encontrarla con todo valor se aplicará el medicamento que la ataque.

Las razas o ascienden o declinan, como las razas los individuos y como los individuos los organismos inferiores de la creación. El estancamiento no puede aceptarse en los organismos naturales. Por alguna circunstancia puede no verse cuál de esos movimientos lleva una raza, un individuo o un sér inferior cualquiera; pero ello no significa en manera alguna que la ley de la evolución deje de cumplirse.

¿El indio mejora o degenera?

Antes de todo debe fijarse lo que se entiende por *degeneración* en *psiquiatría*. La degeneración, consiste en "una desviación enfermiza de un tipo primitivo."[1]

Suponemos, pues, que un tipo primitivo sometido a la acción de un medio desfavorable para la vida, se desvía en sentido de menos.

---

[1]Morel. 1857.

Este ejemplo aclarará la cuestión. La generalidad de las plantas para hacer vida normal necesita de la acción solar; sometida una planta a la obscuridad, en este medio, se desvía del tipo primitivo en sentido de menos: crece enfermiza, sus órganos son pobres, realiza sus funciones deficientemente y muere muy pronto.

Sustituyamos la planta por una realidad social y en cambio de someterla a la obscuridad, sometámosla a la acción deletérea del trópico y el resultado será el mismo. Aquella realidad social sin alcanzar mayor florecimiento, hará una vida raquítica, sus órganos (individuo, familia, etc.) sufrirán anemia; y morirá muy pronto.

25. Degeneración física.

Signos anatómicos

Sin ninguna clase de Estadísticas para ir sobre bases seguras, pueden señalarse en el indio los caracteres siguientes de degeneración:

a) Estrechez fronto-parietal (estenocrotafia).

b) Indice cefálico menor que el normal.

c) Talla y peso inferiores a los de otras razas.

Fuera de estos signos, deben agregarse: dedos supernumerarios; anomalías de ciertos aparatos; bocio.

Signos fisiológicos

a) Necesidades energéticas muy inferiores a las de las razas europeas y muy semejantes a las de los habitantes del Congo.

b) Eliminación de urea muy inferior de la de los organismos sanos (28 gramos); (por aquí puede conocerse el exiguo poder de asimilación del indio, inferior en un 25% al de las otras razas).[2]

c) Nupcialidad (nada puede decirse, no sólo por falta de estadísticas, sino también porque entre ellos hay más *juntados* que casados).

d) Natalidad. (La creencia general es que son muy fecundos).

Basándose en su fecundidad, se podrían abrigar esperanzas, si en el sentir de muchos biólogos la fecundidad de una raza no fuera, en algunos casos, signo de degeneración (China y comarcas Malayas). (Los tuberculosos, principalmente, y alcohólicos son muy aptos para la multiplicación).

e) Mortalidad (nada puede decirse a punto cierto, pero a la fecha la mortalidad ha aumentado en las poblaciones indígenas, lo que se comprueba preguntando a los que en tales lugares han vivido muchos años). (La mortalidad infantil es excesiva).

---

[2] De análisis practicados en nuestros laboratorios biológicos.

Estos signos físicos degenerativos señalan desviaciones profundas del tipo primitivo en la raza indígena.

Signos patológicos

(Trabajo que está por hacerse). Previas estadísticas y estudios regionales detallados se establecerá cuáles son las enfermedades que privan en Guatemala.

En conjunto se enumeran: pneumonía, tos ferina, tifo, viruela, desintería, paludismo, parasitismo intestinal y enfermedades de la piel, como las más frecuentes.

La falta de higiene que en otro lugar tratamos facilita la propagación de las enfermedades y así es como vemos desaparecer caseríos enteros y extenuarse pueblos ayer vigorosos. Los indios de tierra fría son — o eran — más sanos y fuertes; los casos de longevidad se veían frecuentemente entre ellos; pero se ha cometido el desacierto de llevarlos a trabajar a las costas en donde adquirieron las endemias tropicales que a la fecha los están aniquilando. La tisis pulmonar, por otra parte, se ha ido propagando excesivamente, como puede comprobarse en los hospitales: de esta propagación es responsable en primer lugar el alcoholismo.

El estudio de los signos anatómicos, fisiológicos y patológicos anterior, podría repetirse al tratar de la familia, del municipio y de la región indígenas.

26. Degeneración psíquica

Es fácil advertir el descenso psíquico en que ha venido el indio, de cuando formaba la raza indomable que antes de someterse murió en su mayor parte o huyó a las montañas, que aún sometida peleó bravamente por su independencia, luchas con relieves heroicos de entonces a hoy jamás igualados, al estado en que al presente se encuentra; ayer brava, hoy cobarde. Y entre esos términos, toda una vida dolorosa, angustiada por las espuelas castellanas que la ensangrentaron los ijares, por los frenos "bélicos" que los conquistadores enterraron en su boca y por los "cacaxtes" que no son otra cosa que aparejos de mula de carga llevados por un hombre.

Los pueblos indígenas carecen de cohesión; en ellos como en sus individuos, falta el sujeto social, la persona no existe.

Pueblos estancados donde se paga demasiado culto a las tradiciones absurdas que perpetuan sombras.

La falta de estadísticas criminales nos privan de luz sobre tan importante materia. Puede decirse que el indio *en su juicio* es más dado al hurto que al delito de sangre, pero que en estado de ebriedad es terriblemente criminal.

Recuérdese además la excesiva crueldad que muestran para su

familia: golpean a la mujer bárbaramente, y como a la mujer a sus acémilas y a sus perros.

En rigor de verdad, el indio psíquicamente reune signos indudables de degeneración; es fanático, toxicómano y cruel.

27. Etiología

Enumerados los signos que traducen la decadencia de la raza indígena, deben estudiarse las causas.

a) La alimentación, poco nutritiva y escasa.

b) Falta absoluta de higiene.

c) Excesivo trabajo.

d) Casamiento prematuro.

e) Endemias tropicales.

f) Enfermedades que, sin ser del medio, han hallado fácil propagación (sífilis, tuberculosis, etc).

g) Alcoholismo y chichismo.

h) La miseria.

i) La falta de cruzamiento.

El alcoholismo es el factor que más ha contribuido a señalar con taras degenerativas al indígena. Sabido es en qué proporción se consume el aguardiente en las poblaciones, cuya pobreza y abatimiento se ahogan para dar paso a una alegría huracanada que sopla duramente sobre los últimos escombros de la vida indígena.

No quiero detenerme sobre el hecho de que el Estado de Guatemala viva de la renta que paga la salud de sus pobladores. Un Estado cuya organización tiene por base la inmoralidad, está fuera de todo derecho, fuera de la civilización y comete contra la humanidad el más grave delito.

¿De qué sirven las leyes que se dan para favorecer al indio, si por una ley van cientos de garrafones a minar su organismo?

No es menester detenerse más sobre este asunto. Individuos mal alimentados, que viven sin ningún precepto higiénico en viviendas sucias; que conservan el cuerpo asqueroso; que trabajan de diez a once horas diarias en el rudo y fatigante laboreo de la tierra; que beben enormes cantidades de aguardiente y de chicha; que han vuelto de las costas anémicos o del servicio militar (puertos y capital) sifilíticos o con blenorragia; ponen, con números incuestionables, en el balance de Guatemala, una cantidad de menos que constituye el mayor peligro para la vida nacional.

Súmense a las causas mesológicas enumeradas, las causas originarias, el germen de regresion vital que hay en las sociedades que han tenido que luchar luengos años con múltiples factores adversos, y la conclusión es desfavorable.

La miseria indígena no ha dejado a las poblaciones camino de salvación. En la miseria van viviendo estos grupos de manera aflictiva una existencia que abochornaría a cualquiera nación y que a nosotros nos tiene muy sin cuidado. Las poblaciones indígenas dan la sensación de grandes lazaretos; asilos, de mendigos, cárceles de criminales, antesalas de cementerios; y sobre ellas, formando cielo, se extiende una atmósfera de aguardiente y chicha, de carne que se pudre y órganos que se asfixian sin conmoverse, en las angustias de una muerte lenta.

Sociedades que presentan anomalías tan profundas en su desarrollo, que se las ve caminar en sentido de menos; cuyo malestar moral y desconcierto económico son extremos; sin conciencia jurídica y faltas de salud intelectual y moral, no pueden ser la base sobre que descanse el futuro de una nación que, como Guatemala, aspira justamente a caminos de perfeccionamiento que la lleven a vivir una realidad mejor.

CAPITULO VI

Terapéutica Social

28. Terapéutica social

La enunciación de los caracteres degenerativos, el estudio sociográfico y sociorganológico del problema y más que todo "el sentido de la tierra," como intuición para comprender, me parecen pruebas inequívocas de que Guatemala está en peligro por el camino de desvitalización que lleva, y de que hay necesidad inaplazable de aplicar la acción fecunda de la ciencia, para retener o destruir el mal.

Las leyes sociales se cumplen fatalmente y los organismos heridos de muerte, como el colectivo nuestro, están llamados a desaparecer cuando no los salvan sus dirigentes por los caminos que aconseja la terapéutica social.

Los organismos sociales, como los individuales, están expuestos a sufrir dolencias, en muchos casos difíciles de curar. Cuando las sociedades humanas enferman por falta de funcionamiento de sus órganos (individuo, familia, municipio, etc.), o por una anemia social que las hace débiles, enfermedades de carácter económico, moral e intelectual, urge la aplicación de medicamentos que las restablezcan. El estudio de tales medicamentos está encomendado a la terapéutica social.

29. Medios para retardar el mal

La realidad social indígena presenta enfermedades crónicas tan complicadas, que su curación ha sido considerada por muchos imposible. Sin ser de los que creen fácil la empresa, mas porque nada se adelantaría con venir a rezar en esta tesis nuestros males, voy a exponer los medios que deben emplearse para salvar a estos numerosos organismos sociales que forman elementos de mucha importancia en la vida nacional.

Al tratar del asunto encuentro, por un lado, medios que se proponen retardar la enfermedad (paliativos); y por otro, medios tendientes a destruirla.

Respecto a los primeros se ha dicho mucho. Trabajos encaminados a favorecer la situación del indio, evitando su abatimiento y ruina completos, hicieron los señores Doctor don Antonio Larrazábal (1810), Fray Matías Córdova y Fray Antonio de San José Muro (1797) y el Licenciado Antonio Batres Jáuregui. (1893).

Los escritos meritísimos de tan versados varones duermen en los archivos, y sus propósitos bondadosos nunca llegaron a verificarse.

En aquel tiempo ya se proponían para mejorar al indio, en sus condiciones de vida, los medios que hasta la fecha se han venido repitiendo: hacerlo propietario de pequeñas parcelas de tierra; obligarlo al cultivo de nuevos productos; no obligar a los indios que tengan sementera propia a trabajar en las fincas de los blancos; considerar al indio incapaz para obligarse y de tal suerte prevenir que para sus contratos intervenga un tutor específico; evitar los abusos de las cofradías, del servicio de sacristías y del servicio parroquial; estimularlo; hacerlo hablar español; procurar que calce y vista como los ladinos; crearle necesidades; desanalfabetizarlo; desterrar de su vida el vicio del alcohol; evitarle malos tratamientos por parte de los ladinos; la mestización y la inmigración.

Por mi parte propongo para retardar la degeneración de las clases indígenas los medios siguientes:

a) *Casamiento prematuro.* Entre la raza indígena, por lo general, la mujer es madre a los trece y catorce años, cuando no se ha completado el desarrollo de sus órganos genitales y cuando todavía no hay suficiente preparación para engendrar seres físicamente fuertes.

Si a eso se une que por la misma falta de desarrollo la crianza es defectuosa, fácilmente se explica la falta de vigor que está produciendo esa visible regresión vital que antes hemos denunciado. Científicamente estos matrimonios dañan la sociedad, por lo mismo que dan a la vida seres sin ninguna preparación.

En cuanto a la parte espiritual deben recharzarse tales uniones, porque en ellas si la parte material deja mucho que desear, la parte espiritual ni siquiera asoma. De esta manera se hace la vida de seres físicamente débiles, espiritualmente defectuosa. En la madre hace falta el sér, la personalidad moral y material, y si se tiene en cuenta el importantísimo papel que las sociedades confían a la mujer madre (educación de la prole), se confirma nuestro dicho sobre la inconveniencia social de las uniones prematuras.

Hay algo más grave desde el punto de vista moral. Se trata de pequeñas que los padres venden o entregan a un hombre, o de pequeñas que caen por la facilidad que para las relaciones sexuales existe entre ellos.

Una lesión tan profunda en el organismo social guatemalteco no debe mantenerse, precisa evitarla: la ciencia, la moral y la vida lo reclaman. Deben prohibirse los casamientos prematuros y las uniones con mujeres que no hayan llegado a un cierto número de años que, previo estudio, médicos y maestros fijarán.

Con seres débiles que engendran hijos débiles, Guatemala no se salva.

Todos los pueblos preparan convenientemente a los que han de reemplazarlos, dotándolos de un gran vigor físico, moral e intelectual; haciéndoles el legado de sus conquistas científicas y artísticas, y el legado de sus experiencias; higienizándoles el medio en que deben actuar; sólo nosotros nos olvidamos de la semilla y, como si los troncos viejos fueran de importancia, como si el mal y las vergüenzas que representan fueran a perdurar: más nos cuidamos de los troncos, de lo que hacen y de lo que piensan, que de las nuevas manecitas que se asen a sus madres; cuerpecitos que ya vienen tarados por la degeneración social ambiente; y que empeoran al crecer porque la madre indígena ignora los más elementales principios de Puericultura. (Les dan tortillas a los niños de tres meses!!!)

Viendo a un niño sano creemos en la vida; pero nos ofende encontrarlo pálido y enfermizo, porque su palidez y enfermedad encierran una negación tremenda.

El criterio de nuestro Código Civil no puede alegarse en este caso, porque contra lo que dice el Código, están la realidad y la ciencia.

b) *Mala alimentación*. El excelente valor nutritivo del maíz y del frijol, hace pensar que la alimentación a base de esos elementos es inmejorable. De boca de muchas de nuestras gentes, hemos recogido la especie de que los indios son fuertes, porque consumen mucha tortilla y frijol. Pero cabe preguntar: ¿Será eso cierto? . . .

Creo que no, que por mucho que el maíz contenga pocas grasas y proteínas suficientes, y su valor alimenticio se equipare al azúcar, la mantequilla y el tocino, siendo de primer orden para la digestión por contener dextrinas; y por mucho que el frijol en cuanto a riqueza albuminoidea supere al maíz, la alimentación indígena es pobre.

La carne y los huevos, alimentos tónicos, faltan en su sistema alimenticio. Los huevos son ricos en combinaciones orgánicas fosforadas (lecitinas) y ferruginosas (hematógenos) y de ellos no puede prescindirse en un buen sistema alimenticio.

Nuestros indios consumen muy pocos alimentos tónicos, y de allí quizás resulte su abatimiento.

Hay que hacer un estudio especial para fijar el sistema alimenticio que cuantitativa y cualitativamente conviene al indio; mientras tanto debe inducírsele a introducir en su dieta la carne y las hierbas. Su falta de energía, su reducido número de glóbulos sanguíneos, y la exigua talla y peso que presenta, quizás tengan origen en la mala alimentación que toma.

Eso, haciendo caso de que a cada individuo correspondiera una porción cabal, pero cuando sucede lo contrario y se reduce, el caso es extremo. Alimento insuficiente y poco no puede servir de base a una vida que ha de realizar sus fines con vigorosas pulsaciones.

Cuando una acémila decae, el propietario ve, estudia el mal, mejora sus condiciones y hace lo posible por salvarla, no así con el indio que desde muchos años atrás viene decayendo, ¿es qué a la mayoría de los guatemaltecos mejor suerte les hubiera cabido si nacen acémilas?

c) *Excesivo trabajo.* La ley social del trabajo como todas las leyes sociales se cumple inexorable. Un análisis detenido nos lleva al convencimiento de que se trata de una ley universal. Toda la naturaleza trabaja.

Cuando este convencimiento no existía en los individuos, la lucha por sustraerse al trabajo se hizo formidable. Largas y muy apretadas páginas de la Historia recogieron los sucedidos.

Al presente, la discusión versa sobre el número de horas de trabajo. El reconocimiento de la personalidad como un derecho inalienable, trajo consigo derechos accesorios muy importantes, tales como el derecho a la salud. Desde luego, el hombre acepta que debe trabajar; pero no trabajar hasta consumirse, como el esclavo que hacía girar la muela, o, sin ir tan lejos, nuestros indios que al presente trabajan hasta el agotamiento.

Aunque del otro lado de los intereses de los finqueros, se oiga decir que los indios son perezosos, con conciencia de ser verdaderos, debe afirmarse todo lo contrario: que los indios trabajan demasiado; o que hacen muy poco porque trabajan mucho, es decir que su rendimiento de trabajo, por ahora, es insuficiente debido a que se les imponen muchas horas de actividad (fatiga prolongada).

No regateo el interés que tengan esos señores para condenar a los indios como perezosos; pero advierto que ello no los autoriza para obligarles a trabajar como bestias, infringiendo la garantía preciosísima de la personalidad que nuestra Constitución ampara.

El mucho trabajo es perjudicial a la salud, y quién sabe si la pereza (once horas de trabajo) de que se quejan los agricultores, denuncie la extenuación del sistema muscular del indio.

La inhumanidad se prolongó sobre nuestra vida mal llamada independiente, y después de cien años *de libertad*, el indio, como un esclavo, hace girar cansadamente la muela de nuestra agricultura.

En lo que toca a los llamados "cargadores," debe decirse que su trabajo es mucho más duro. Cargan tercios que pesan entre 150 y 170 kilógramos. ¡Carga de mula!; (por lo regular las indias llevan de Tzan Juyu a Solalá, nueve arrobas.)

¿De qué actividad van a disponer hombres que trabajan en semejantes condiciones?

Así como precisa que las horas de trabajo del indio se reduzcan, precisa también que se les prohiba "cargar." No vale la pena el salario que ganan los "cargadores," para que se grite que se van a morir de hambre con tal prohibición.

El interés que presentan la Higiene, la Educación y la Mestización, como medios para retardar la degeneración del indio, obliga a tratarlas por separado.

CAPITULO VII

Educación, Higienización, Mestización

Entramos al estudio de estos medios, que creemos entre los llamados recursos propios, los más importantes. Su tratado completa nuestra intención. El interés que cada día aumenta en las naciones civilizadas por el bienestar material, moral e intelectual de las clases populares, en algo debe alcanzar a esta tierra, y puede que en una hora de suprema aflicción, sacando fuerzas de nuestras propias fuerzas, dejemos la ciudad cómoda y atareada, para proporcionar un santo alivio a las almas que en los campos se mueren de miseria.

Educación

Al indio debe educársele con el propósito de cambiarlo de esclavo en hombre libre; de egoísta en hombre útil a sus semejantes; de rudo para la vida en hombre apto e inteligente.

Transformar el medio social indígena a base de educación es lo que aconseja el sentido común. Hacerlo pensar. Hacerlo sentir. Hacerlo accionar.

No es mi ánimo, ni cabría en unas pocas líneas, emprender el estudio completo de las muchas cuestiones que con respecto a la educación indígena cabe tratar. Mi intención es insistir sobre los puntos que considero de mayor urgencia.

El medio

La renuencia por la escuela, que obstaculiza la labor educativa en los poblados indígenas, hace pensar que se trata de una raza irredimible, de partidas de animales remisos al adelanto; y ensombrece un claro optimismo que al margen de la educación pusieran nuestras almas.

Pero si consultamos mejor el medio, encontramos que no se trata de una negativa irracional del indio para asistir a la escuela. Hay un fondo de amargo sabor: su miseria. Su miseria lo obliga a aprovecharse de los pequeños servicios de sus hijos desde muy corta edad. Necesidades, costumbres y creencias, contribuyen como factores negativos para la asistencia a las escuelas.

A lo anterior se agrega la desconfianza, muy natural, que los padres sienten por el aprendizaje de las materias que sus hijos reciben. Cursos más interesantes desde el punto de vista de la utilidad personal, despertarían en los padres interés porque sus hijos aprendieran, enviándoles regularmente a la escuela (noticias relativas al cultivo del campo, a la fabricación del par, cría de animales, etc.)

Concluímos creyendo que el medio social indígena no es reacio a la educación y que para lograrla, no sólo en los niños sino en los adultos, es necesario armonizar las labores de la escuela con las necesidades diarias del hogar; no exigir del alumno mayores obligaciones; establecer los desayunos escolares, que mal se puede enseñar a niños que no han desayunado; y formular un plan adecuado a sus capacidades.

La escuela

Entre las categorías de escuelas en que dividió las que a la fecha existen en Guatemala, el Doctor J. Epaminondas Quintana, en su trabajo de tesis, la que más nos interesa es la escuela en el caserío.

"Una sola habitación, casi siempre mal ventilada y peor alumbrada, con un mal piso y muros decorados con letreros de toda clase, y sucios por mil materias sospechosas; con una sola ventana y una sola puerta,"[1] constituye la escuela del caserío.

En cuanto a escuelas, como Quintana ha dicho, *hay que empezar.*

Una escuela de campo modesta, dotada de útiles y en buenas condiciones higiénicas, sería de desearse. La escuela ideal para el indio por su temperamento, su salud precaria y sus hábitos atávicos sería la "Escuela al aire libre."

Orientación

En cuanto a la orientación sociológica de la escuela, precisa tomar en cuenta el sentimiento egoísta muy desarrollado que existe en el indio y en sus relaciones, desprovistas de todo alto principio de sacrificio.

La escuela que prácticamente no reporta utilidad a Guatemala, es la que, basada en el sistema actual, dedica las pocas horas de trabajo a enseñar las letras y los números a los alumnos, como si eso fuera lo más interesante.

¿Qué orientación cabe dar a la escuela indígena?

Desde luego urge informar a las almas en sentimientos de justicia y amor. Tenemos una gran necesidad de justicia y una gran necesidad de amor. La familia debe formarse a base de estos altos sentimientos; la familia, las sociedades, los municipios, la Nación guatemalteca.

Eduquemos al indio en las ideas de solidaridad y cooperación,

---

[1]Dr. J. Epaminondas Quintana. *Higiene Escolar,* página 22.

prestemos alimento de fé y esperanza a su credo de vida, y despertará en él la simpatía por sus semejantes, por su bestia y por su tierra.

La tarea modeladora de la escuela, es difícil, ya que tiene que luchar contra el sentimiento ambiente, en donde el utilitarismo más absurdo ha sembrado todos los caminos y no deja pasar sino sangrando.

En cuanto a conocimientos, como es natural, debe empezarse por enseñarles castellano. Enseñar al indio en su dialecto, sobre dificultarse más, es perjudicial. Las clases fundamentales (lectura, escritura, aritmética), son caminos que conducen al hombre a ponerse en contacto de culturas pasadas o distantes y si tales clases fueran a dársele en su dialecto, la labor se destruiría en sus cimientos, desde luego que los caminos aquellos tan amplios, resultarían muy cortos.

Por demás está decir, a este respecto, que en la escuela es donde debe principiarse la campaña nacionalista, una de cuyas bases es la identidad de idioma.

La educación de los adultos también debe emprenderse. La tarea a este fin, perseguirá preparar al indio para una más sana comprensión de sus relaciones sociales, combatir sus supersticiones sin herirle, darle nuevos medios de cultivo y hacerle tomar conocimiento de sus derechos de ciudadano, de las obligaciones correlativas y del aseo personal que tan descuidado existe, entre ellos.

Puede que la educación nos salve del peligro; sinembargo, siempre dentro de un terreno optimista, pienso que no es bastante medicamento para nuestro mal.[1]

Higienización

Para la higiene, nuestros medios sociales, no sólo por su ignorancia, sino a la vez por la natural repulsión que hay en el indio por el ladino, presentan un serio problema; caso extremo podríamos decir.

La labor del higienista encuentra en Guatemala un campo de acción ilimitado. Hasta la fecha, a la higiene le hemos dado un puesto secundario, explicándose así la falta de aseo que se nota hasta en los individuos que pertenecen a las clases altas. Todo lo que se ha hecho, se reduce a dictar resoluciones que no se cumplen. Las poblaciones están desprovistas de los elementos más indispensables, y es así como no puede exigirse de los vecinos el aseo personal y de la habitación.

El indio es el prototipo del hombre anti-higiénico, prueba de ello es la facilidad con que se propagan las enfermedades entre sus congéneres.

---

[1]Véanse los Programas que para las escuelas de analfabetos de la Universidad Popular de Guatemala formuló el autor.

Aunque con relación a este medio para retener el malestar de las clases indígenas, podría escribirse largamente, reducimos nuestro dicho a hacer ver, que, como antes, el indio vive abandonado a su impulso natural, en una vida falta de higiene.

Mestización

La mestización persigue, entre sus fines, la homogeneidad racial, cultural y lingüística de un pueblo que cuenta con porciones sociales de civilización o cultura retrasada y de civilización o cultura superior.

La mestización, es indudable que hubiera proporcionado al indígena una puerta ancha para pasar de su primitivo estado social al estado social que la civilización europea dejó en estos suelos. Entre los obstáculos que la impidieron se mencionan:

Prohibiciones legales

La prohibición de que los españoles se unieran con los indios, pues cuando pasado algún tiempo se autorizaron tales uniones, ya fué tarde.

Diferencias de civilización

Los medios sociales indígena y español, diferían hondamente. El idioma, las costumbres, las creencias, el modo de ser, de pensar y de sentir. Este obstáculo les alejó; no pudieron compenetrarse, florecer en una nueva sociedad ni en un sentimiento fraterno de humanidad.

Las diferencias anotadas ahondaron, como antes dije, la separación entre el indio y el español. Aquel padecía los malos tratos de este, y cuando la bestia se cansaba, este recibía venganza.

El cruzamiento es más factible cuando se encuentran pueblos que poseen un grado de civilización parecido.

En la época actual, el indígena, por las bárbaros procederes de que fué víctima, conserva un sentimiento de animadversión por el blanco, sentimiento que se ha ido trasmitiendo de una generación a otra, hasta nuestros días. La redención de censos, grabó más en el alma indígena su odio para el mestizo.

No obstante lo dicho, y que el ladino está en un plano de cultura diferente al del indígena, debe hacerse constar que no existen repugnancias de razas, impedimentos físicos, desafinidad sexual. La homogenesia muy aceptable producida por ambas porciones de la población guatemalteca, es benéfica al mestizaje.

Al hablar de los caracteres degenerativos que presenta la raza indígena, hice notar que, aparte de los que pueden clasificarse como exteriores, hay en ella una viciación ancestral, un mal propio y profundo que la conduce hacia su ocaso con precisiones alarmantes.

Este conocimiento nos hace pensar en la necesidad de un remedio que ataque el mal en su causa, un remedio causal, y a ese fin se dirige el último capítulo.

CAPITULO VIII

La Inmigración

30. Medios para destruir el mal

La inmigración. Si la realidad indígena varía en el tiempo, no es natural que los medicamentos que se propusieron ayer para curar sus dolencias, sirvan para hoy, ni que los de hoy puedan servir para mañana.

Ayer, estuvo bien que para mejorar al aborígen se pensara en hacerlo pequeño propietario; en obligarlo a nuevos cultivos y con ello a mudar de régimen alimenticio; enseñarle español, calzarlo y, para decirlo de una vez, estimular sus facultades físico-psíquicas, creando en su vida material necesidades, y en su vida espiritual aspiraciones.

Ayer estuvo bien, pero hoy, en este nuevo momento, deben rechazarse tales medios por ineficaces. ¡Qué los indios trabajan excesivamente!. . . . ¡Qué duermen en tapexcos o en el suelo!. . . . ¡Qué no se bañan y son mugrientos y piojosos!. . . . ¡Qué se embriagan!. . . . todo cede en importancia cuando el problema se contempla en su faz más honda, en lo que tiene de grave y trascendental, en sus taras profundas vaciadas en un fondo racial insuficiente para la vida.

¿Qué podría hacer la educación en este caso?. . . .

La educación, cuya importancia no he querido negar ni un solo momento, es insuficiente. Medítese y se pensará conmigo que la educación es insuficiente, que no basta, que hay algo más que escapa a su acción benemérita, algo más en el fondo, en lo que hay de herencia en cada individuo.

Por la importancia que, como medio para retener el mal, doy a la educación, a ella he de referirme principalmente.

"La chicha ejerce sobre la nutrición una acción semejante a la del fósforo y la morfina, y al obrar sobre el organismo de una manera más intensa que el alcohol, es natural que tenga también influencia más corrosiva sobre la generación.

"Cuando una mujer embarazada toma alcohol, éste pasa por el torrente circulatorio a ejercer su acción tóxica sobre el feto."

Ahora pregunto: ¿Qué puede hacer la educación con generaciones que tienen sobre sí muchos años de esa influencia corrosiva? ¿Podrá la educación devolver su valor energético a seres que han venido a la vida con taras degenerativas tan profundas?

Debo decir, antes de pasar adelante, que no me contradigo, que si en el capítulo anterior estuve en una situación optimista con respecto a la educación, fué porque allá se trataba de paliativos, medicamentos para retardar el mal; y aquí se trata de remedios causales o, lo que es igual, que ataquen el mal en su causa y lo destruyan.

Hay además que tomar en cuenta, volviendo a lo anterior, el trabajo que las fuerzas vivas del país habrían de mantener para no dejar un solo momento su tarea educativa. ¿Será esto factible en una Nación que cambia de gobierno con mucha facilidad? o, lo que es más, ¿de gobiernos que cambian ministros a menudo . . . ? Quien esté al tanto de nuestros procederes en estas cuestiones, sabe que, por lo regular, el Ministro que llega trata de emprender nuevos trabajos, abandona los emprendidos por su antecesor y si es enemigo político, los reprueba. Hay, pues, que desconfiar de lo que podría la educación. Por una parte, la debilidad de los organismos que se han de educar; y por otra, la característica de la obra educativa, reflejo de nuestra falta de seriedad política, obra momentánea y discontinua.

La previsión del hombre adquiere de la ciencia los métodos de que ha de valerse en su lucha contra el medio. Pues bien, por mucho que se hiciera en lo que respecto a higiene está esperando resolución a las puertas de nuestra vida nacional, la raza indígena no salvaría de su degeneración. La raza indígena está en decadencia fisiológica y ¿quién niega que esto último es peor que la muerte? La acción deletérea del trópico ha contribuido a su degeneración y a todo se agrega su paludismo, su uncinariasis y las otras afecciones parasitarias y micrósicas que padece.

Deje el observador por un momento las influencias extrínsecas que se han puesto a sus ojos, y fije su atención en el siguiente hecho, para convencerse hasta la raíz que lo que la educación y la higiene podrían hacer, no bastaría para salvar a Guatemala de la ruina.

Los indios se han gastado ellos mismos. Su sangre no ha hecho al través de incontables generaciones, sino girar en un círculo, para el caso pequeño.

Hace falta sangre nueva, corrientes renovadoras que resarzan la fatiga de sus sistemas, vida que bulla pujante y armoniosa.

Sangre nueva, he aquí nuestra divisa para salvar al indio de su estado actual. Hay que contrapesar sus deficiencias funcionales, sus vicios morales y sus cansancios biológicos. Hay que volverlo a la vida para que advierta, en esta hora de conmociones, la obligación que tiene de contribuir al triunfo de los ideales que la Humanidad se esfuerza por alcanzar.

El estancamiento en que se encuentra la raza indígena, su inmoralidad, su inacción, su rudo modo de pensar, tienen origen en la falta de corrientes sanguíneas que la impulsen con vigoroso anhelo hacia el progreso.

Los Estados Unidos de América y la República Argentina, suelen citarse como ejemplos de lo que la inmigración hace de los pueblos.[1] Y si de buscar ejemplos se trata, véanse entre nosotros los cruzamientos que ha habido (alemán e indio), y con facilidad se advertirá la mejora. Los hijos de alemán e india son robustos, bien dotados y en cuanto al aspecto físico, desde el punto de vista estético, no puede pedirse más.

Se trata de una raza agotada, y de ahí que para salvarla, antes que de una reacción económica, psicológica o educacional, haya necesidad de una reacción biológica. ¡Vida, sangre, juventud, eso hace falta al indio!

Hágase con el indio lo que con otras especies animales cuando presentan síntomas de degeneración. El ganado vacuno importado la primera vez a la Isla de Santo Domingo, por Colón, en su segundo viaje, experimentó grandes decaimientos. El perro ha sufrido también modificaciones importantes; y como el perro algunas plantas. Para mejorar el ganado hubo necesidad de traer nuevos ejemplares, así para con el perro y así para con las plantas.

Cabe preguntar: ¿Por qué no se traen elementos de otra raza vigorosa y más apta para mejorar a nuestros indios?

¡Se trata de un remedio heróico!, dirá la minoría agitada aún por románticos impulsos de patriotismo. Ese impulso que a nuestros padres les hizo cuidarse muy poco de la vida real, y mucho de la que al través de novelas y ceremonias fueron viviendo. No importa, acepto el calificativo heróico.

Los inocentes del mal, se conforman en su miopía con repetir. ¿Para qué mejorar si estamos a la "vanguardia de la civilización"? La muletilla, lo que se dice para engañar a los que mandan, por no decirles que se trata de una pueblo *soberano*, con los labios mojados de aguardiente, que vive en la miseria y se arrastra bajo el látigo, cobarde como un perro.

Otros habrá que tengan la creencia de que el remedio es peor que el mal. Bajo la influencia de la inmigración china, este argumento puede tener valor entre le gente del pueblo que analiza muy poco.

Los chinos han venido a dar el tiro de gracia a nuestros valores de vida. Raza degenerada y viciosa cuya existencia mueve a bascas y cuyas

---

[1] La República Argentina que en 1810 sólo contaba con 500,000 habitantes, tiene hoy 6,000,000. Buenos Aires que era un puerto de 45,000 habitantes, hoy tiene 1,200,00.

aspiraciones son risibles. El argumento se esgrime contra la tesis sin pensar que sirve para su defensa. ¿Cómo se va a contrapesar el germen degenerativo que la sangre china ha dejado en nuestras venas, sino con sangre nueva y vigorosa?

La degeneración cierra nuestros pasos. En la vena exhausta del indio deja caer el chino sus vicios y deficiencias raciales.

Estudiando la inmigración etnológicamente, tres condiciones formula Le Bon para lograr un buen resultado: 1) que las razas sometidas al cruce no sean muy desiguales numéricamente; 2) que no difieran demasiado en sus caracteres y 3) que estén sometidas por largo tiempo a idénticas condiciones ambientes.

La primera se explica por lo que en la práctica acontecería si se trajera un reducido número de inmigrantes. A este respecto, hay que decir que debe ser considerable el número de familias con que haya de hacerse el cruzamiento, por una parte; y por otra, que la corriente inmigratoria no se interrumpa en muchos años.

En cuanto a la segunda, la cuestión se complica. La mayor adaptabilidad se logra en la tercera y cuarta generación, quiere decir que hasta entonces se advertirían las ventajas máximas del medicamento. En lo que respecta al contingente étnico de que se va a echar mano, la morfología, la psicología y la fisiología informarán extensamente. Recordando los signos degenerativos del indio y la descripción que de su aspecto físico y psíquico se hizo, deben buscarse en las razas que se han de traer, las siguientes cualidades, sobre otras, para contrapesar sus deficiencias y defectos: talla y peso superiores; ochenta y dos grados de ángulo facial, aproximadamente; raza blanca, sanguíneo — nerviosa (temperamento propio para las alturas y zonas tórridas). Por lo que a la psicología se refiere, deben buscarse sentimientos de desinterés y ahorro, una sólida base moral en sus afectos familiares, cariño por el campo, honestidad, dulzura y costumbres muy arraigadas de trabajo y honor. Razas agricultoras, poco amigas de la ciudad.

En Suiza, Bélgica, Holanda, Baviera, Wutemberg y el Tirol, pueden encontrarse ejemplares que reunan las condiciones mencionadas.[2]

Este remedio radical atacará en su causa las enfermedades que socavan al organismo indígena. El médico ha sorprendido falta de glóbulos sanguíneos, nutrición defectuosa, acción deletérea de nuestros climas altos y litorales, enfermedades conocidas del trópico y muchas que hay sin conocer. El biólogo ha encontrado disminuida notablemente la cantidad de urea. El fisiólogo la exigüedad de talla y peso, la

---

[2]Manuel Ugarte en su libro "El Porvenir de la América Española," insiste sobre que para el desarrollo de estos pueblos, la inmigración más favorable es la que acude de la antigua metrópoli.

falta de energía. El Psíquiatra ha encontrado taras muy significativas de criminalidad, ausencia casi completa de personalidad, falta de vida intelectual y moral. El jurista ha encontrado la ignorancia más espantosa de la ley. El religioso una absurda comprensión de los ritos y dogmas de su religión. El moralista el egoísmo, la costumbre de la mentira y todo un relajamiento. El economista la miseria, la extenuación.

A todos interesa la resolución del problema. Deje cada cual sus desconfianzas, prejuicios y mezquinos alardes de independencia, y únanse para dar frente y atacar sin vacilación.

No hay que entusiasmarse para resultar pidiendo que se den leyes. Las leyes solamente no pueden servir, por de pronto y en tanto se realiza la inmigración, hay que unirlas con una vasta campaña educacional y de higienización del medio, para cobrar mañana la justa recompensa de satisfacción que toca a los pueblos que cumplen su deber.

Nuestra desconfianza por lo que a la ley hace, estriba en que, como un americanista ha dicho: "El latino-americano se distingue por su fecundidad para elaborar proyectos a la perfección. Nadie mejor que él puede formular planes, programas, códigos y constituciones, etc., con los cuales estamos generalmente de acuerdo en todas sus partes. Sinembargo, estos hermosos planes teóricos son raramente llevados a cabo."[3]

La resolución del problema indígena lleva en sí el afianzamiento de las libertades, la formación de la nacionalidad guatemalteca, como resultado del espíritu de solidaridad y de comunidad de aspiraciones de sus habitantes, la seguridad exterior por el justo respeto que infunden los pueblos que valen cualitativamente, y el mejoramiento de nuestra situación económica quizás.

Y para resolver el problema actual del indio, al par que abrir escuelas, se necesita transfundir sangre nueva en sus venas.

Sangre nueva, he ahí la divisa.

¡Guatemala se salvará cuando caiga en los caminos la emoción de los hombres que creen en la vida; y la dan, porque merecen darla!

La palabra final toca a la puerta.

El mal es profundo e innegable, por más que la costumbre que tenemos de verlo como algo fatal, nos entelarañe los ojos y nos prive de medir sus consecuencias. Para el caso es lo que sucede con los enfermos crónicos. Los familiares se quejan automáticamente, hablan del mal con erudición pasmante y, después de todo, concluyen diciendo: "¡qué se va a hacer!" . . .

La interrogación del porvenir es tremenda. ¿A dónde va Guate-

---

[3]Federico Starr. *American Journal of Sociology.* Number 2, 1918.

mala llevando a sus espaldas el peso muerto de su pueblo? . . . Y la zozobra es mayor si en vez de caminar por un campo parejo, se camina por extensiones peligrosas, donde el enemigo alza las barricadas de su oro y de sus armas, en forma de *trust* y de *visitas de cortesía.*

Es verdad que para los pesimistas nuestro caso es perdido—"¡qué se va a hacer!" — pero si ellos viven en el crepúsculo de su fatalidad, niegan las posibilidades de mejoramiento que todo porvenir encierra y se conforman con la caja de muerto que se está labrando para enterrar a Guatemala; aquí hay una voz que trae la iniciativa de transformar el medio.

"El cruzamiento, escribe Le Bon, es el único medio infalible que poseemos para transformar de manera fundamental el carácter de un pueblo, puesto que sólo la herencia es bastanta poderosa para luchar contra la herencia."

Transformemos el medio indígena por medio de la inmigración, haciendo honor a la confianza que el porvenir ha depositado en nuestras manos, en forma de un segundo de vida; y nada más.

31. Conclusiones

I.—Para retardar la degeneración del grupo social guatemalteco que comprende a la raza indígena, se emplearán los siguientes medios:

   a)   Prohibir en lo absoluto casamientos y uniones prematuras.
   b)   Mejorar cuantitativa y cualitativamente el sistema alimenticio.
   c)   Reducir a ocho las horas de trabajo.
   d)   Educar al indio.
   e)   Higienizar su vida.
   f)   Formentar el mestizaje.

II.—Para destruit el mal:

   a)   La inmigración.

MIGUEL ANGEL ASTURIAS

Guatemalan Sociology:

the Social Problem of the Indian

TRANSLATED FROM SPANISH BY

MAUREEN AHERN

CONTENTS

FOREWORD

In times of crises, ideas, hypotheses and beliefs undergo revision and some undoubtedly are devalued; when human uncertainty attempts to salvage its idols and does not succeed because the skeptical grimace of the masses impedes it . . . (The Dawn of the 20th Century) . . . I have considered it my duty to evaluate this moment of national life, despite my meager aptitude, by forehonoring the promise that I must swear to lend Guatemala scientific aid as a professional.

The formula that demands "Science for Science's Sake" — a very narrow and repugnant expression — denies the most noble activity of man: love. It is a love that is to a certain degree divine and that offers relief in the form of teaching, bread, water and consolation in an excess of life for others. "Science for Science's Sake" has been practiced by our hermetic caste of professional and scholarly men. Notwithstanding the feeling of pain that life does not harmonize with our thought, as that Spanish poet [Unamuno] would have it. Faced with the formula "Science for Science's Sake," we propose the formula "Science for Living."

The ideal of perfection of this study is not a dialectic one; rather, it is based on deeds that will scandalize the fainthearted and the doctrinaire conformists. Open investigation of a reality that is ever changing is one way to perfection. One must overcome the pedantic and believe in the future that brings intact a treasure of remedies for our ills.

In the social scheme that I outline there is a depth of optimism that makes it possible to overcome the instants to anticipate time and the hour to create, setting aside a traditionalism that would in no way shed light on this new social contingency, the simple doctrine of life, in its simple expression of fields and cities traversed by happy men. I contemplate the perfection of these peoples and with emotion I submit to you a labor of love. To use a simile, in your hands may it be the key that gently opens the chest that holds for man a measure of life that will raise the spirit and calm the heart.

Although it may not be just payment nor sufficient tribute, I present this act as a gift to my parents, Licdo. Don Ernesto Asturias and Doña María R. de Asturias.

CHAPTER I

Introduction

1. The Indigenous Problem

Is the problem a new one? In no other part of the world can it be more appropriately said that the problem is not a new one, but rather that it has been forgotten.

From Las Casas's times until our own, indigenous civilizations have posed very complex questions for the various fields of human knowledge. Men of recognized scientific merit have dedicated themselves to speculation in this still unexplored field. It would take long months to leaf through the volumes written on this subject, the majority of which, we know by hearsay to exist in the museums and libraries of European cities.

Historians, clergy, soldiers, doctors, philosophers and economists, among others, have shown diligent enthusiasm. They rebuilt the tombs of the Incas, of chieftans, leaders and princesses and the ruins of temples, cities, fortresses and palaces. They prepared the wonderful tales we savor with such relish about the religious feasts that according to some chroniclers took on the nature of hectacombs, or about the wars between empires and the pomp of the royal houses; everything that went under when a new power and civilization arrived on these shores in three modest caravels. Nations were taught a new doctrine and a new art of war; statutes and councils were worked out for the defense of the natives who, it can truly be said, envy the good fortune of the animals.

The topic is not a new one, but it is undeniable that after all that has been said, the Indian continues as before to be forgotten by those to whom the nation entrusted his destiny and also by the governed, those of us who form the semicivilized minority of Guatemala (professionals, students, merchants, journalists, etc.).

Our legislation is proof of the first point. We see, incredibly enough, that among the large number of laws in force, enacted on behalf of the semicivilized minority, the laws concerning the Indians that constitute the majority of Guatemala's population go unnoticed. This is natural, since the fact is that the assemblies are made up solely of representatives of that minority; they are linked to that minority by sympathy and interests and they are responsible to that minority for their acts.

And it cannot be said that this is a false concept, since everyone goes to the voting tables: if the former is false, the latter is ridiculous. No one is ignorant of our electoral farces. It can also be argued that, since laws are general in nature, they extend to all without discrimination and that in such a case the Indian participates in them. But what seems to be an irrefutable argument is really of no more value than one of the many speeches we hear about statutes, law, morality and justice. It is simply a question of words, because reality is another matter; the facts are different: the indigenous majority lives outside the law.

Proof of this second point (the neglect of the governed) is the silence with which the qualified classes of the country watch the natives sink into misery and vice. There is no need to review the spectacle of those masses of Indians who from the lowest rung of human misery raise their eyes to heaven and the native country that thus abandons them.

The problem is not a new one but it has been forgotten.

2. Guatemalan Sociology

The study of the Guatemalan social reality is urgent. The solution of national problems cannot be attempted with the abstract knowledge of sociology that we possess. In these matters the particular characteristics of each social organism must be known and calculated in detail. This individuality of the collective soul of the Guatemalan nation demands on our part something more than the generalizations of textbooks and memorized formulas. It requires an analysis and knowledge of its territory, population, historical and racial antecedents.

The study of the Guatemalan social reality is urgent in order for us to know ourselves, to learn how social laws function among us and what new currents of thought and action must be imparted to our people in order to strengthen their souls and straighten their bodies. In this unexplored field the "feeling of the land," as Nietzsche calls it, must serve us as intuition. With its assistance we will study our piece of the globe (its territory) and the people that inhabit it (its population).

The study of our societies will provide us with the opportunity to make a racially, culturally, linguistically and economically homogenous nation of Guatemala. Such a possibility contrasts with present-day Guatemala, formed by different civilizations, where citizens cannot understand each other because they speak different dialects, cannot live together because they hold opposing customs and conflicting aspirations and where some are immensely rich and others terribly poor.

This leveling that we seek does not mean the lethal stagnation of our efforts. For, once it has been achieved, newer and more vigorous currents will encourage the human soul in its infinite desire to possess everything, in the same way that other nations that have achieved social, religious and political equality now struggle fiercely for economic equality.

Unless our territory and our population are studied, laws will continue to be lamentably empirical and our governments will continue to fail as they have done until the present. It is illogical to govern and legislate for people whose nature and living conditions are unknown. Authority becomes an executioner (tyranny) and the citizen vegetates in the environment, becoming degenerate and weak, or rebels in violent uprisings. A Guatemalan Sociology is needed and the hope of contributing to its formation invites me to deal with this subject. I confess my modest aptitude to respond to the call youth receives from active spirit. In a way I have only collected, crystallized and unified the ideals that distinguish the young people that shared hours of hope with me in the classroom — ideals, grand attempts, a sense of accomplishment — all that the ideological stars bring.

3. The Nationalist Aspect of the Problem

National ties are the result of such important factors as language, tradition, race, customs and political and territorial community. History shows us the predominance each one of these factors had in the formation of nationalities. The identity of races, languages, religious beliefs and even the criteria of natural boundaries shook Europe in successive changes and move her still. Well-known statesmen experienced in problems of philosophy have dealt with the matter. However, in the case of Guatemala I will deal with it to the extent that it is related to the indigenous problem.

If it is true that language, tradition, race, custom and political unity act as essential factors in the formation of a nationality, to my way of thinking the totality of aspirations is stronger and must shape our criteria in the formation of a national spirit in Guatemala. The Guatemalan nation is in the process of formation. It does not yet exist as the result of a solidarity among its members, a unity of culture and a community of aspirations. We are a nation unaware of its unity, formed by different races that speak different languages. This would not matter if it were not for the fact that at the same time we possess differing degrees of culture and for this reason conflicting aspirations.

How long will this disparity continue? The Indian represents a past civilization and the mestizo, or *ladino* as we call him, a future civilization. The Indian who comprises the majority of our population lost his vigor during the long period of slavery to which he was sub-jected. He is not interested in anything, accustomed as he is to the first person who comes along taking away what he has, including his wife and his children. He represents the mental, moral and material dearth of the country: he is humble, he is dirty, he dresses differently and he suffers without flinching. The ladino, who comprises one third of the population, lives a different historical moment. With spurts of ambition and romanticism, he aspires, desires and is, in the final analysis, the vital part of the Guatemalan nation. What a nation, where two thirds of its population are dead to intelligent life!

Thus, the solution to the indigenous problems as an open road building our nationality upon deeds is our responsibility.

4. The Present Study

We cannot be satisfied with the imperfections of the present nor close our doors to winds from other worlds that bring us news of the upheavals men are undergoing in their struggle to achieve an ever bet-ter situation. By the same token, given the justice of this desire for im-provement, we all must contribute equally to the study and solution of the indigenous problem.

This thesis, written with this honest and loyal goal, does not even begin to approach the solution to the problem. Its goal is to penetrate the darkness enveloping the problem, in search of a light that may sig-nal a solution.

CHAPTER II

Indigenous Sociography

5. The Historical Question

Human life is first observed in narrative history. While the legends, proverbs and superstitions that are handed down from one generation to another cannot be considered exact and their authenticity is questionable, in essence they contain a living social reality. From the study of history, which on the one hand has been charged with proving, ordering and justifying what in narrative was only a fairy story, the new science, as Vico called sociology, emerged.

In order to study indigenous social environment, we must go back to its earliest times, trace it through the Colonial Period and forward from the Independence Period to the present. The analytical presentation of its various social stages constitutes indigenous sociography. This sociographical study is by nature brief, for the author will add to it later. It is an outline, a simplification or overview of the social stages the Indian has passed through for the purpose of covering the background leading to the study of the present problem.

6. Pre-Hispanic Period

In Guatemala there are remains of indigenous civilizations that the land and the jungles kept hidden from the Spaniards as though purposefully preserving them as testimony for the future (Quiché, Quiriguá, Teopán, Mixco). Noble Utatlán, seat of the Quiché Kings, Patinamit, court of the brave Cakchiqueles, Huehuetenango and Tza-Pockomá, homes of the Mames and Pockomames, and others, existed in Guatemala. Utatlán had reached its zenith when the Spaniards arrived. Their King, Kicab Tanub, was attempting to subjugate the Mames and the Tzutujiles, famous at that time in their court at Atitlán. No lesser in splendor and power were the cities of the Cakchiquel Lords.

The political organization of those kingdoms was nearly perfect. It is amazing to encounter the institution of the *ahguaes*, those persons who enforced the right to rebellion by the people against their kings when they became cruel or tyrannical. Religion was part of the business of State. Indigenous religion has been very thoroughly studied by the historians. They have nearly reconstructed the rites, set the gods upright in their places again, and raised their temples. By virtue of imagination, their priests rise from their tombs and after many centuries once again officiate in their ancient sites, before the wondering eyes of we who have come to replace them.

With regard to the family, it must be said that far from constituting the tender environment where children grow and the dearest affections are nurtured, that perfect man-woman-child trinity the Aryans depicted, and far from possessing the sweet aspect of the Hellenic family, it was occasionally lacking in bonds or interests that linked its members to one another. A man used a woman in order to satiate his instincts and had more women than he could support. The family cannot be said to exist as such among the Indians.

Social division of labor resembled our own: the man took charge of the rough jobs and the woman those of the home, like food and offspring. Celebrations were religious in nature and, as at present, became noisy ceremonies, dances, imprecations and sacrifices. All of these have survived more or less unchanged in the religious celebrations observed today.

It is not my intention to overload this brief report with the data available at present. Anyone, whether out of curiosity or a desire to learn the history of their country, who is interested in rectifying errors or proving assertions can open the books which guard the treasures of those ages.

Now the main facets of indigenous social activity in the pre-Hispanic period (political organization, religion, family, division of labor, etc.) have been outlined, the following questions arise: What was the social stage of the Indians at the time of the arrival of the Spaniards? Were they savages? Were they barbarians? Were they semibarbarians? Were they semicivilized? These are very complex questions to answer. Considering the similarity of the life that prehistoric man must have carried on wherever he appeared throughout the world, let us find answers by proceeding from the first stage to the civilized stage and analyzing the intermediate stages. Of course, with regard to the Indians, as soon as we examine their social reality we discard the first and second social stages, of *savagery* and *barbarism*. I will now comment on semibarbarism.

The stage of *semibarbarism* is characterized by incipient organization. Semibarbarous cities enjoy peace. Their inhabitants are unified and wealthy. They establish a routine form of applying the law, practice religious worship and know the movement of the stars. There is maximum tranquility in their cities, order in their activities, regularity in labor and an abundance of practical knowledge, as well as political and administrative amplification and organization of the public sector. Some sociologists consider *semibarbarism* to be the most desirable social stage because in this stage individual and society are balanced.

Among the Indians we find an organization that is admirable and even excessive according to historians: "divided into units of ten individuals commanded by a decurion, successively there were chiefs for each division of fifty, one hundred, one thousand and ten thousand inhabitants. The most insignificant circumstance of the militarily-ruled State was reported by the minor chieftain to his superior until the report reached the Chief or Monarch." The indigenous populations enjoyed peace and abundance. "Rarely was hunger a scourge because the nation possessed its community storehouses reserved for times of scarcity."[1]

We have already referred to their beliefs; they knew the movements of the stars and had divided time into lunar periods of twenty-six days. Order ruled their activities. They had even provided rules for the right to rebellion (*ahguaes*). Administrative progress as well as the system of succession to the throne of the ruling families merit special attention. Their practical knowledge had progressed a great deal. There were botanists and zoologists who knew the secrets of medicinal plants possessing curative properties unknown in our times.

These facts and others that the reader's own knowledge will dispense me from ennumerating are sufficient to state that the social stage of the Indians at the time of Spanish arrival was one of semibarbarism. We consider it pertinent to repeat that the Indians were semibarbarians and were not civilized, as is commonly said. For a better understanding of our thesis we refer to what should be understood by civilization. Civilization is characterized by the development of a nation's activities in three terms: industrial, intellectual and moral. We find no nation in history that has achieved such a development. Industrialism dominated in Egypt (Theban Period); intellectualism in India, and moralism in China. Civilization continues to be the ideal of peoples. Perhaps as time goes by, due to unforeseen causes and the normal efforts of man, a country may achieve complete development of its activities as a laboring, thinking and virtuous nation. Only in this way can that nation be called civilized.

To return to our question, from a sociological point of view, we said that the Indians were semibarbarians. As in the case of other nations that have not achieved the ideal civilization, they are called civilized by taking into account the partial development of one of their

---

[1]Batres Jáuregui, *Los indios,* page 75.

activities. Let us then apply the term civilization to the Indians in this sense.

7. Colonial Period

Christopher Columbus reached America. Historical chance brought Pedro de Alvarado y Contreras to Guatemala as the conqueror. The conquest was accomplished with all possible cruelty. For the sake of pride, it is worth noting that a powerful contingent opposed the invader and repeatedly attempted to throw off the yoke. The shout of despair has not yet faded away into the distance of centuries and still stirs in our blood.

When outlining the situation the Indian found himself in, it is first worth mentioning the curious belief of those times that the Indian was not a human being — a very convenient one as far as justifying the crimes that were committed. The Indians were bound over to the harshest slavery. In the name of a god they did not know, their altars, idols and temples were torn down, their kings were subjected to an alien king and the shameful greed of the white man placed a value on the gold they scorned. The struggles of the conquest, the famine that was to follow that destruction, the unending persecutions to which the natives were subjected, the droughts and the epidemics, changed flourishing and vigorous regions into deserts, and agricultural and manufacturing centers into legacies of solitude and grief.

"In the populous kingdoms of Guatemala there were more than three million inhabitants over an extensive territory prior to the sixteenth century. But according to the census of 1810, only 646,066 remained in the entire Central American Isthmus. The statistical report for Suchitepéquez issued by the Principal Mayor, don Juan Antonio López on May 26, 1814, reads as follows: 'At the beginning of the eighteenth century there were twenty-eight flourishing and well populated towns. At present there are barely sixteen to be counted. Only five have a population worth mentioning: Santo Domingo, Mazatenango, Cuyotenango, San Sebastián, Quezaltenango and San Antonio Tetalhuleu. The eleven towns that were lost were annihilated within less than seventy years and not even vestiges of the others can be found today.' "[2]

Some of the causes of the aforementioned devastation were migration, famine, wars and the fatiguing workday to which the Indians were subjected. They were given very little food and were allowed to become sick so that they would die as a result of the inclemency of

---

[2]Batres Jáuregui, *Los indios,* pages 117-18.

heaven, thus avoiding the bother of killing them. An analysis of the situation of the Indian under Spanish domination should point out that, in accord with the criteria that they were animals, they were treated like animals. Hence, the slight effort that was made for the Indian to assimilate the customs of the dominators in any rational fashion.

An insurmountable barrier of language existed between the Spaniard and the Indian. To the Indians the Spaniard seemed like a strange animal, a new animal that appeared in the jungles and seized them and their Lord. To the Spaniard, however, the Indian seemed like a wild animal, and they were never able to understand each other. Among the gross errors that were committed was the desire that rudimentary Indian intelligence immediately assimilate the civilization of a nation that at that time was the most advanced of Europe.

The attempt was made to induce the polytheistic Indians to believe in one god, without giving them any explanations as though this were a simple task. The polygamous Indians were forced to take only one wife with no further explanations than that of the strongest: "because I desire it." The separation that existed between the Spaniard and the Indian left a residue of painful memories. Native intelligence, like drops of dew that stick to the leaves on a spring morning when the sun shines, reflecting microscopic portions of the landscape, could have taken on the tones of Spanish civilization. But the ill-will of the adventurers, who to no degree were representative of the Hispanic soul, caused the failure of that fusion from which undoubtedly a new race was about to be born.

During this period, perhaps due to hardship, the indigenous family turned inward and would have re-established itself if the Spaniard had not destroyed it in its beginnings.

In those times when any notion of individual rights did not exist, the Indian was torn from his home to be sent on journeys from which he never returned, or returned sick; or else while he worked the land of his master, the master went out and abused his wife and daughters, who, since they were defenseless, could do nothing but submit. The concept of family that the Indian had been forming during this period of turmoil and sadness was killed by this sort of havoc. For the poor vanquished race the door that opens to the noblest sentiments shut tight once again; the woman continued to be a "thing" that was "used" in the man's drunkenness or "used" by his master, and his children became little animals to sell.

Thus during colonial times, as in the pre-Hispanic period, the Indian family did not exist with any attributes of a family. It was an occasional matter born of physiological needs.

The law of environments was inevitably fulfilled: *"Every social force, when it passes from one sociotic environment to another sociotic environment, fractures in either a positive or a negative sense: in a positive sense when it passes from an ailing environment to a healthy one; in a negative sense when it passes from a strong environment to a weak one."*

The strong and vigorous progress that Spain, after innumerable convulsions, had achieved as the result of a well-constituted social life, passed to America; in the case of Guatemala, where societies were in a process of formation, it fractured in a negative sense. The colonial chapter of our history renders errors, injustices, violence and impositions.

Nothing could save the Indian. Not even the best intentions of their Majesties the Sovereigns of Spain, the zealous and sympathetic Laws of the Indies, nor the Christian preachings of a few good men, were sufficient. Misery and fanaticism diminished them and cowardly generations were born from their rebellious flesh. The indomitable race, as it is called, was replaced by dull, fanatic, harmless and pessimistic *macehuales.**

With this substitution the Indian began to lose his customs. He took from among the new customs those that would best adapt themselves to what remained of his own, thus producing a mixture that can best be observed in the religious ideas and rites. The effort of the Indian to assimilate the exotic product introduced into his social environment is unquestionable. It proves his intelligence and the ease with which he would have assimilated the positive qualities of the new civilization. Who knows if this effort did not consume the remaining energy of the Indian!

Notes on the Agriculture and Commerce of the Kingdom of Guatemala is the title of a valuable document compiled by Dr. Antonio Larrazábal in 1810. It attests with some accuracy to the situation of the Indians on the eve of Independence. Let us examine one of its paragraphs: "We will never tire of crying out in favor of the Indians of Guatemala who are so close to us: justice demands it by virtue of their rights and condition. This class is the most numerous of the population of the kingdom, since, according to accurate data, we have increased it to 646,666 souls. This is the class, as we have stated, that works more than the others, although nearly all its labor affords benefits and comforts for the other classes. In spite of this fact we continually hear that the Indians are idle, lazy, indolent drunkards, and that if they are not harshly corrected they do nothing because they are like animals. Who

---

* *Translator's Note:* An Indian of very humble station. Serf, peon or servant. From the nahuatl word *macehualli,* meaning vassal. Much used during the Colonial period.

are the persons who make these accusations and so indignently insult them? They are those same persons who, if it were not for the Indians, would perish of want; those same persons who waste their time in trivialities and futile, if not jeopardizing, activities, those same persons who when they do work, if one compares their work with that of the Indian's, produce much less than he does."

In order to achieve "the improvement of customs, agriculture and happiness of the Indians," says Dr. Larrazábal, "the following statutes should be legislated: Let us examine two: 1) The Indian should have his own field within the communal lands of his town, receiving as soon as he marries a piece of land where he can sow what he needs in order to support his family throughout the year, pay his taxes, and clothe himself, with something extra left over; 2) These lands will be given to him in absolute ownership for himself and his successors, without prejudice that the law can dispossess him of them, as they do now in many towns; rather the law will oblige him to cultivate them in the case of indolence."

For the Indian the colonial period represents the exhaustion of his material, moral and intellectual forces through the great efforts to adapt, that he undertook in order to assimilate the customs imposed upon him, defending his own in some cases, mixing them in others, and in most cases losing them.

The law of environments was inevitably fulfilled.

8. From Independence to Our Times

While the Indian continued prostrate with his eyes turned toward his own time and domain, a deceptive colonial government produced an Independence that we do not know whether to praise or to condemn. In our Independence period there is much of that romantic and ambitious condition that stirs the minorities of the country. An Independence of a minority for a minority. The crushed mass of Indians were incapable and without ideals. For the Indian the Independence period represented a change of master and nothing else. As before he continued to be a slave, a *persona miserable* according to the Laws of the Indies. As before he was forced to till the lands of others, he was persecuted and used as cannon fodder in the wars that his new masters carried on over futile questions.

It seems as though an evil spirit had conspired to make our societies abort. The social stage of the primitive settlers of America was on the road to perfection. By natural law, societies follow the cyclical march of the sun, rise, reach their zenith and then decline. In accord with natural law, those societies marched toward their zenith when perverse fates cut short their advance and towns reduced to ashes became the site of the Spanish colonies that were later to become nations of the continent with the pompous labels of Republics. Our Independence had nothing to do with the majority of the country that continued in slavery.

On November 22, 1824, the National Constitutional Assembly abolished slavery. This deed, we think, must extend to the Indian — but, herein lies the sorrow of a vanquished race! Nothing happened. The Indian continued in his same condition of serfdom and forced labor under the pretext of the progress of the country's agriculture. The *mandamientos** marked this period with a vengence. The semicivilized minority's fear that they were losing a pack animal made them pile the load higher onto his shoulders, bind him to their sides with huge debts and brand him deeply with their infamous whip. The abolition of slavery had nothing to do with the crushed majority of the country that continued in slavery.

On January 8, 1877, the Municipal Lands Decree** was promulgated, and in the hands of the minority its good intentions struck new terror in the indigenous soul. Thus it came about that after a long period of suffering the Indian was stripped of the last thing he possessed, the piece of land that he held in common ownership. He fell into the hands of the ladino landowners, who forced him to sell, or into the hands of dishonest private parties or authorities, who stripped it from him.

On October 25, 1892, the *mandamientos* were abolished by governmental decree. However, the Indian continued and continues to be the prey of easy exploitation. The Indian lost his rebelliousness and, worn out by the time and sorrow he has borne as a beast of burden, he shows no signs of life nor makes any use of these laws.

During the period from Independence to the present, it cannot be said that the indigenous family has achieved its formation. The Indian is not very affectionate and only his misery and fear have made him seek refuge in the hut his woman and children inhabit.

9. Summary — Pre-Hispanic Period

The economic situation was favorable. The Indian, whose architectural ancestry was grandiose, lived comfortably, and the wealthy class lived in splendor. Religion was not unsatisfactory, and the laws were wise for their time. Government was suitably organized and re-

---

Translator's Note: Mandamientos here refers to the "hands" an Indian village was obliged to provide to a ladino farmer, occasionally a kind of work detail under duress and often extended into perpetual debt.

** *Translator's Note: La Ley de Redención de Censos,* decreed on January 8, 1877, forced leasers of municipal lands to purchase the lands or give them up at public auction. Often the leasers were Indians who ended up landless. Both decrees referred to on this page were the work of President Justo Rufino Barrios.

sponded to the needs, conditions and tendencies of the times. Agriculture was flourishing, and many of the crops still grown at present were grown then.

Colonial Period: The economic situation of the Indian was bad. He was forced to live in huts made of dry grass and reeds. His religion was a pagan-Catholic mixture. The Indian was reduced to a servant of the priest: he paid tithes, tributes and a thousand other taxes. Colonial government could not have been more disastrous for the Indian. Indigenous agriculture nearly died out.

The Independence Period to Our Times: The economic situation of the Indian has worsened. He continues to live in huts. His religion is still pagan-Catholic. He lost his lands and increased his vices with brandy and *chicha** that increase tax revenues.

Translator's Note: An alcoholic beverage made from fermenting corn in sugar and water.

CHAPTER III

Sociorganology

10. The Individual — What an Indian Is Like

Exterior Physical Aspect. Our observations are general in nature. We are unsure of them as such and I like to think that they can later be made more specific.

His rough skin has a shiny appearance due to the abundant sebaceous secretion that can be observed on the hands and face in particular. His hair is very dark black — *spiny*, as it is commonly called — and extends evenly over the entire head, but abundantly toward the front at the height of the forehead. It looks like a brush. The moustache is stiff, coarse and sparse and there are only two or three black hairs on the chin and sides of the face. Since we do not possess a chromatic scale for classifying the color of the iris of the eye, to the naked eye black and dark brown appear to be the predominating colors. A wide nose and mouth, thick lips with turned-down corners, sharp cheekbones, slanted eyes, a straight forehead and large and simple ears often with adhered lobes, give the Indian a physiognomy ugly in itself.

There are no chromatic scales for skin color; however by observing the inner part of the forearm that is less exposed to the weather we could call it coppery. The women differ very little from the men. It should be noted that they have finer skin, very beautiful black eyes and small hands and feet and abundant hair. The Indian is generally short, his hands proportionate, and his feet wide and long.

Although everything on this topic remains to be studied, it is not expected that such a study will be undertaken for a long time; because out of an absurd concept of life, we still go on believing that everything is solved by chance. Miraculous life! . . .

Psychology. Whoever has read the sociographical part of this study will immediately identify some of the characteristics of indigenous psychology. Moral feelings are utilitarian, mentality is relatively slight, and will power is nonexistent. He is cruel in his family relationships, quiet and calculating; he does not let himself be carried away by either passion or enthusiasm; he laughs with a terrible grimace, is reserved and has chillingly malicious eyes. He is not very sensitive to either moral or physical pain. He watches death come without fear; his courage is passive, long-suffering and stoic. The maximum intellectual levels the Indian achieves are difficult to determine, but it is indeed known that his comprehension is very slow and that he is stubborn. He speaks Spanish distorting the vocabulary phonetically, repeating the same words and with a deplorable syntax. Psychologically he has the aptitude to be a lawyer, politician, soldier and farmer. His facility to imitate (a quality of the inferior races) is notable; thanks to this facility he is suited for architecture and drawing, but he is incapable of creating.

11. Territory

Guatemalan territory is of startling beauty. It is both inspiring and saddening to realize this. It includes most fertile lands where a single grain seed yields one hundred, mountains untouchable in their heights of suffocated blue expression, coasts of soft beaches and steep cliffs, rivers that make communication between towns easy, lakes and lagoons whose mere mention is a promise of life, various climates in which different groups of population of widely differing race and culture vegetate, small settlements in enormous valleys and some commercially vigorous cities. What beauty, what a vast realm for liberty and the principal excellencies![1]

12. Ownership of the Land

In this pre-Hispanic period, communal and other landholding systems existed. The Indians subsisted by working the communal lands and making direct use of their products. During the colonial period, agrarian ownership diminished among the natives because the conqueror dispossessed them by becoming the landholders. In order to effect this dispossession under the guise of legality, they cited the Papal Bull of Alexander VI, who, on the basis of the false decrees of Isidor, granted ownership of the lands of the infidels in America to the Catholic Kings. He resolved this question of disputed ownership between Spain and Portugal with an arbitral decision. Nevertheless due to the constant petitions of many distinguished gentlemen before the Spanish courts, some towns retained the lands that belonged to them, a situation that prevailed during the colonial period and into part of the Independence Period until the Reform Laws.

---

[1]Gabriel Mistral, *El grito* (1922).

In 1877 the Municipal Lands Decree was promulgated and thus the Indian lost his right to the land, in part due to the alienation of the large landholders, in part because they and the authorities made use of reproachable means to dispossess the Indians of the parcels that belonged to him under his just rights. The control over his land is still being snatched away from the Indian today. Anyone who has been in our courts knows how unscrupulous persons increase their landholdings. The history of our agrarian ownership clearly explains the imbalance presently observed in Guatemala: citizens or, more seriously, foreign companies that possess vast extensions vs. citizens who do not possess even a handful of land.

"The lands of Pamaxán and others suited for coffee-growing have been snatched away from the Indians and, instead of granting them to the latter in separate lots that would constitute private property, they have been divided between a few persons who under the guise of politicians during times of crisis, and as small-time statesmen, have become Croesuses in a few years."[2] Cases similar to Pamaxán happened elsewhere.

13. Production

Vegetable production consists mainly of corn and beans. Very rudimentary indigenous crafts are found scattered throughout different parts of the Republic and some will soon be extinct. (Blouses, mats, *suyacales*, broom, ceramics, clay toys, *zutes*, sashes, belts, etc.) The small landholders sometimes raise poultry and, on a more reduced scale, sheep and goats. As a result of the imbalance of lands previously referred to, the imbalance in the distribution of vegetables is alarming. There are years when poverty and hunger are not lyrical clamor, but rather realities that astound us.

14. Inhabitability

Conditions of inhabitability are favorable throughout nearly all of the Republic. There are potable water and springs. I will refer later to the diseases that contribute to the mortality rate.

15. His Political Life

The Indian does not know that Guatemala is a Republic and he does not know his rights and his obligations as a citizen. He is ignorant of his rights because they have never been explained to him; he is ignorant of his obligations because he knows them only in the form of

---

[2]Batres Jáuregui, *Los indios,* page 193.

military service, taxes and forced labor in the county seats. Persons who are ignorant of the foregoing are individuals to whom it matters very little whether or not Guatemala is a Republic representative of the people.

The political life of the Indian is reduced to the knowledge that in the capital city there is a President, in the county seat there is a political boss, and in his village a Mayor who possesses the attributes of a feudal lord. The only manifestation which the Indian displays in this sense is the absolute and nearly irrational love that he feels for his village. He does not understand the existence of the Republic, the concept of his native country is an enigma to him, and he does not even know about municipal government; but he loves his village deeply.

From what has been said it can be seen that the natives do not have a political life and that, since they make up the majority of the population of Guatemala, as long as that majority does not have such a political life we will continue to be a country where the law does not exist. A nation where the law is universally unknown is exposed to such terrible social diseases as political chichanery, militarism, and revolutionism.

The lack of judicial awareness from which we suffer is the result of that continual social state of political romanticism in which our minority lives and the absolute unawareness of the majority. We can write very wise laws by borrowing valuable standards from the progressive legislation of educated nations that are the result of learned studies and serious social upheavals; we can boast of being a soviet Republic thanks to the ideas the minority picks up skimming books and foreign writings; yet it will all be fruitless. Such deeply rooted social diseases are not cured by laws or speeches.

16. His Civic Life

Civic life, so necessary to man in that it establishes the social order that most directly affects his affections and interests, does not include the Indian; if it does include him it is in the form of the high costs of a marriage celebration or the registry of a birth or a death. The Indian has not even a rudimentary notion of all of this and for that reason no matter how many years have gone by he changes wives, sells or pawns his children and when he dies his master inherits them to pay off his debts.

Examine in detail the malaise recorded concerning his customs, acts which disgust the least demanding moral sentiment and destroy all human value in the soul. They are the negation of life, which is only coherent when it is the aspiration toward perfection. No words are capable of expressing his animal existence perverted by brandy, *chicha* and tropical heat. On the other hand this ignorance of civil law makes the

Indians easy prey to the greed of the ladino, whose indescribable ill-will invites them to figure as the grantors of contracts that give away their own property, or to lend their services, dispossessing them of their lands and subjecting them to the most odious slavery.

17. His Religious Life

The Indian's religious life presents very interesting characteristics for our study, and it is a pity that to date no serious study of this nature has been undertaken. If such a study of these activities were undertaken as a correlate to the study of his physical aspects, it would lay the basis for the solution of the problem.

Not all the saints of the church are equally esteemed by the Indian. Usually there is one that occupies the main altar and is the patron saint of the village to whom all his attention and consideration are tendered. The patron saint is the one who really governs the village. He is sought out as the supreme authority on justice, if "the corn field is chancey" or if his wife or children are sick or "bewitched." The titular feast of the village is dedicated to the patron saint and the Indian scrimps to save up enough to spend on this occasion. True religious fervor is reserved for the patron saint to whom, since colonial times, the care of the locality is entrusted and, as is natural, the Indian sees only the materialized part of the saint. For that reason it does not occur to him that it can be changed and should the effigy be destroyed despair is widespread throughout the village.

The Indian has made a mixture of his primitive religion and the Catholic religion. It is a transaction preserved from generation to generation. According to the chroniclers, the Indian dances were transformed into those that are presently observed in the religious celebrations. The deities of war, rain, corn and others were reborn in the form of the saints. The saints most dear to the Indian are those that display a shedding of blood, making one think that he still remembers his bloody rituals. The Indian does not hold the idea of an Omnipotent or Omniscent God.

Special mention must be made of the cult of the cross among the Indians. At any moment of danger the sign of the cross is made at the same time that the patron saint is evoked. There are usually crosses in all the huts, and they are found along the roads at the spots where there was an "accident" or at the entrance to the villages. This cross is of great importance: before it the Indians bare their heads with the greatest respect, bow very low, kiss it, and leave flowers and stones before it because the belief exists that fatigue will be lifted from the traveler if he places a stone at the foot of the cross.

Religious psychology can be judged from the large pictures representing eternal punishment, the coarsest materialization of Catholic precepts seen in the churches in the Indian villages. There is grease on the floors, the walls are dirty and everywhere there are reminders of a sorcerer's cave.

It is unusual to find an Indian who does not belong to some religious confraternity. From the head men of the villages down to the humblest person, they are all fraternal brothers and each one contributes to the costs. If judged on the basis of the poverty in which they live and, on the other hand, the lavish provisions of brandy, candles and food that are made, it seems incredible.

I have dwelt with more detail on the religious question because it is the most far-reaching aspect of Indian life. The moralizing influence that sociologically is gained from religion did not have any effect in Indian environment. If one compares these notes and the data others may collect, it can be easily noted that religion among the Indians gave rise to the most depressing fanaticism. It is undeniable that the introduction of the Catholic religion among the Indians was a civilizing factor, but at the same time it is also undeniable that it did not aid in moralizing them.

We need to take into account the factor that, according to our psychological outline, the Indian, even in his pagan-Catholic ideas, is utilitarian in nature. Altruistic sentiments are not manifested in his religious life: on the contrary, even in his religious life we find the calculating person, the one who prays, makes votive offerings, offers candles, wax, oil and dances for a reward he will receive. There is the marked character of a contract for services in the Indian religion. To his way of understanding, gods exist close to him that protect him and that harm him; he reduces everything to a crude expression, materializes it, deifying the material by encantations or by virtue of forces that he compares to those of witches. The most infamous utilitarianism drowns him in its waters.

18. His Private Life

For purposes of study of their private lives, we will divide the Indians into those who habit the farms or ranches and those who live in the villages.

The master or owner of the farm or ranch, who appears as his protector and who was perhaps the person who dispossessed him of his land, gives him a place to live and plant his crops and for a small salary lets him work on his property. The life the Indians lead on the farm is an unhappy one. Generally they live in a hut composed of a beaten earth floor, walls made of reeds separated from one another by up to an inch, and a straw roof. They sleep on the ground, and in squatting position eat the chile broth, bean soup and tortillas that make up their entire diet. They work daily from six to six and get drunk on Sundays and holidays. Animals have more freedom.

Although the Indian in the village is better off, this does not mean to say that his deficient diet has improved or that he is not exposed to the abuse of the landowners and the local bosses.

On a spiritual plane the main relationship of the Indian is directed toward his *compadre.**The *compadrazgo* is a tie which binds an individual more than blood ties, the *compadres* love each other more than brothers. When they meet on the roads they make profound gestures of reverence; they sustain mutual confidence and support; they are worthy of each other, and strict forms of Indian etiquette measure the degree of their compliance with the social code. They have a confused idea of love. This is a residue of their primitive period, where the Indian's utilitarian psychology can also be observed. The private life of the Indian is insignificant and is most strongly manifested in religious matters. Sufficient reference has already been made to this.

In indigenous societies the individual leads an insignificant life, he vegetates and, to use a simile, he is like those neglected plants that are drying up in fallow land.

19. The Indian Family

The Indian family continues to decline without having really achieved the characteristics of a family. Its existence is purely fictitious. It was previously pointed out that the family was a purely physiological bond but it is now appropriate to discuss, however briefly, other features which distinguish it.

Speaking of Indian psychology I pointed out its utilitarian sentiment and how this manifested itself in his religious life. It is also present in the family. The Indian family is the victim of the utilitarianism of its components. It is common to observe disconcern and even hate among siblings. This is natural since the struggle for existence marks as an enemy he who shares a portion of food and bed. For the Indian his sibling is one more mouth in the family, and, when there are lands at stake, his hate becomes excessive because to his way of understanding, his brother will take away from him what belongs to him as an heir.

In most cases the family does not legally exist. Among the Indians the number of cohabitants are innumerable. This is due on the one hand to the lack of means necessary to contract marriage, to the belief

---

Translator's Note: Co-sponsor: Name which used to designate kinship between the father and godfather (of a child). The term designates a social as well as a religious relationship.

that a union of this type is quite sufficient, or due to the general acceptance cohabitation holds in the locality. What is certain is that those who cohabit do so with nothing to distinguish them from those who have legalized their union.

With the arrival of the Spaniards, as I have already said, the Indian family underwent a terrible decline, a case of social anemia. It was on the verge of disappearing, as it had died out in Athens, in Rome and is now nearly disappearing among ourselves.

The family is the basis of society, although we do not need to insist that it always must exist or that it always has existed, since as an organ it is called upon to develop or to disappear. Let us accept to the present, this base of the man-woman-child trinity. When the family is deeply undermined by an anemia that renders it useless, the result is social groups without cohesion or love that lead miserable lives in vice and ignorance in small villages.

If it is true that the individual is the social cell and the role entrusted to him cannot be disputed since without him society would be inconceivable, the family is no less important as the first social medium where the cell-individual acts. It struggles at first with the most rudimentary needs; once these are overcome it extends further, taking under its care the education of its components and along this path of improvement it achieves appreciable goals. Virtue and honor are its constants, faith and hope deposit their values in it in difficult times, and love is one of its purest attributes.

CHAPTER IV

Population

20. Guatemalan Population

There are undoubtedly two distinct civilizations in Guatemala, two that can be basically identified.

The destruction of the primitive indigenous civilizations was unable to eradicate the customs of those who survived under Spanish subjugation. These outlived the Colonial period in the form of traditions that were passed on from one generation to another down to our times. With honorable exceptions, the Spaniard never concerned himself with asking the Indian to imbibe from the springs of his civilization the new life that in the form of new laws, different religion and opposing customs was offered to him. The Indian kept his own language, and in exchange for gold the Spaniard agreed to the transactions that circumstantial forces required, whether they were political matters or religious beliefs. Thus the Indian was left behind and at present he is backward by four hundred years.

The Indian could not, was not, will not be able to suddenly integrate himself into the advanced culture the minority possessed. His situation is that of a child who suddenly becomes an adult.

It is appropriate to point to the two large social groups that presently exist in Guatemala; the first is the majority constituted by the indigenous element and the second is the minority that includes the ladinos.

21. Indigenous Civilization

Diet. Today, as in pre-Hispanic times, the diet of the Indian is made up principally of corn, beans and hot peppers. We know of individuals whose economic situation now enables them to improve their diet, yet they still practice the primitive customs.

Corn is commonly consumed in the form of tortillas, tamales and gruel. Its nutritive value and the hundreds of years the Indian has been using it make it indispensable for him. The Indian consumes beans in such quantities that they must be considered another of his favorite foods. Their nutritive value is identical to that of corn. Hot peppers are used to add flavor to the monotony of the diet and are usually eaten in large quantities. In this case they are not considered condiments, but rather form part of the diet itself.

Dress. In spite of the passage of time the Indian continues to use his primitive garments. The Indian woman continues to use her very decorative blouse, the *huepil.* The dress of the Indian man varies according to the region. Both men and women go barefoot and use leather-thonged sandals, or *caites,* only on the roads. Children of indigenous origin generally go naked until they reach a certain age.

Housing. For many years until the present the Indian home has been the hut.

Medicines. The use of medicinal plants continues, and they are identified by their primitive Indian names.

Intellectual Activities. What can be found on this topic comes from very ancient origins and has been transmitted verbally. Generally everything has a marked religious cast, such as the *relaciones,* or recitations, that tell of the Moors and Christians in the dances; the *relación,* or speech, that serves as a greeting among *compadres* when they meet, etc.

Material Activities. The majority of the Indians are farmers, but they still work according to primitive systems inherited from their ancestors. The Indian does not change in the least, even though he may be convinced that this could improve his harvest or his inheritance. Crafts have been dealt with previously. In spite of the influence Spanish civilization had, procedures have changed very little. The predominance of indigenous characteristics continues and is deeply rooted.

22. Modern Civilization

We use the term modern in regard to indigenous backwardness with general reference to the mestizos.

In regard to diet, housing, dress, as well as esthetic, religious and ethical ideas, this group differs fundamentally from the indigenous group.

Without placing many hopes in the ladino, who has serious defects in his disfavor, it must be said that he has begun to improve himself, not only because he has surmounted the barrier of language, but because he has broken with his customs and makes an effort to assimilate new ones. The peak of this group can be considered the semi-civilized minority that we previously identified.

23. Census

The importance that statistical research holds for Sociology demands a rigorous accuracy on the part of those who work in it. The conclusions that one may reach will be erroneous and of no value if they are based on data resulting from spurious procedures.

Before recounting the population, ethnographical research must be undertaken, since important data concerning many aspects of the life of the inhabitants is acquired in this way to form the classification groupings. These aspects are *race, sex, marital status* (single, married, widowed, cohabitants, or undefined), *civilization, religion* (pagan-Catholics, rudimentary Catholics and undefined), *literacy* (those who can read and write, those who only know how to read, and those who cannot read or write), *language* (Spanish, an Indian language, Spanish and an Indian language, or undefined), *occupations* (here mention will be made of his economic condition), *origin.* Since our country has cultural conditions that differ from those of the European countries, the method employed for statistical population research must be a diverse one.

Lack of hygiene among the indigenous populations causes a great many of their inhabitants to die or results in a sickly life that reduces them to inactivity. The fertile land and the great variety of plant foods and potable water that surround the indigenous villages contrast with the physical aspect of decadence their inhabitants present. Material necessities (food) are not met how and when the Indian may want them. Social, cultural and moral aspects are not evident in this environment. Village houses are isolated at the back of the lots where generally plants and trees of immediate use are growing. Droughts, epidemics, emigration and other factors cause the regional population to decrease rapidly. Population and territory were studied in the chapter on Sociorganology because they are entities that are closely linked with the individual, the family and the municipal government. The meager freedom municipal government enjoys among the Indians and its lack of resources cause an existence similar to that of the villagers it represents. The social anemia observed in the family is repeated in municipal government. The municipality is an organ that tends to disappear before it develops, an organ that has no existence beyond that of the staffs carried by the mayors, the tattered city halls where a rudely painted national shield hangs, the jail that makes it respectable or the village festivities that consume great quantities of gunpowder.

The unawareness of the environments negates its value. And, instead of being a guardian of local interests or responding to the hopes and needs of its inhabitants, it is the cause of grief due to the threat it poses, which is at a maximum when the mayor is an ignorant person, for then the Secretary is everything, and beware of the Secretary who nearly always turns out to be an infamous rascal.

CHAPTER V

Sociopathy

24. Degenerative Phenomena

We have discussed the complex and difficult issues that constitute the present indigenous problem. In order to become better acquainted with the questions that affect social life, we need to know if the two large groups in our division of the Guatemalan population are progressing or retrogressing, and in the case of the latter, to apply scientific methods to stem the danger. We cannot agree with those who accept a predestination that condemns certain peoples to ruin.

Without entertaining an optimism that would jeopardize the serenity necessary to deal with these matters or a pessimism that would inflate defects and worsen situations, we will digress here to comment on the progress or retrogression of the indigenous element.

In order to direct the march of Guatemala toward the future with a sure step, a survey of national strengths must be made. If energy does exist we will certainly be happy to learn about it and if it is lacking we will try to inquire into the cause and, when found, apply strong measures to attack it.

Races either ascend or decline, and as races go so goes the individual and as individuals the lesser organisms of creation. Stagnation is unacceptable in natural organisms. In some circumstances one may not be able to observe which of these processes a race, an individual or any inferior being is undergoing; however this does not necessarily mean that the law of evolution is not being fulfilled.

Is the Indian improving or degenerating? First of all one must define what is understood by degeneration in psychiatry. Degeneration consists of "a sickly deviation of a primitive type."[1] We will suppose then that a primitive type exposed to the action of an environment that is unfavorable for life deviates to its detriment.

An example will clarify the question. In general terms plants need solar action in order to live normally. If a plant is subjected to darkness the primitive type deviates to its detriment in this environment; it

---

[1]Morel (1857).

grows in a sickly fashion, its organs are very small, it carries out its functions deficiently and soon dies. Let us substitute for the plant a social reality and instead of subjecting it to darkness let us expose it to the deleterious action of the tropics and the results will be the same. That social reality will not reach full flowering, it will lead a rachitic life, its organs (individual, family, etc.) will suffer anemia and very soon it will die.

25. Physical Degeneration

Although we lack the statistics for proceeding on a solid basis, the following characteristics of degeneration can be pointed out in the Indian:

Anatomical Symptoms

a) Frontal-parietal narrowness (stenocrotaphy)

b) Cephalic index less than normal

c) Size and weight inferior to those of other races

In addition to these symptoms the following should be added: extra fingers and toes; anomalies of certain members, goiter.

Physiological Symptoms

a) Energy needs very inferior to those of the European races and very similar to those of the inhabitants of the Congo.

b) Elimination of the urea very inferior to that of healthy organisms (28 grams); (here the meager capacity of assimilation of the Indian, lower by 25% to that of the other races, can be observed).[2]

c) Marriage rate: nothing can be said about this due to a lack of statistics and because there are more cohabitants than married persons.

d) Birth rate: (The general belief is that they are very fertile.) In view of their fertility one would be very hopeful if it were not for the opinion of many biologists that fertility may in some cases be a symptom of degeneration (China and the Malayan regions). (Tuberculosis patients and alcoholics are especially propense for multiplication.)

e) Mortality rate: nothing can be stated with any certainty, but to date the mortality rate has increased in the indigenous towns, which can be proven by questioning the inhabitants who have lived there for many years; infant mortality rate is excessive. These degenerative physical symptoms point to profound deviations of a primitive type in the indigenous race.

Pathological Symptoms

Such a study has yet to be undertaken; once statistics and detailed regional studies have been carried out the lethal diseases in Guatemala

---

[2]From analyses carried out in our biological laboratories.

can be identified. As a group the following can be ennumerated: pneumonia, whooping cough, typhoid, smallpox, dysentery, yellow fever, intestinal parasites and skin diseases are the most frequent. The lack of hygiene previously mentioned facilitates the spread of diseases. Thus we see how entire settlements can die out and towns that were once strong become weakened. The Indians in cold climates are — or were — healthier and stronger; cases of longevity are frequently found among them. However the mistake has been made of bringing them down to work on the coast, where they contract the tropical diseases that are presently annihilating them. Tuberculosis has been spreading excessively, as the hospitals can testify. Alcoholism is the prime cause of this increase.

This survey of the anatomical, physiological and pathological symptoms could be repeated for the family, municipality and indigenous region.

26. Psychic Degeneration

It is easy to observe the psychic degeneration that has overcome the Indian, from the time when he was the indomitable race that died or fled to the mountains in its majority rather than surrender, or bravely fought unequaled heroic battles for his independence, to the condition he is found in today: yesterday courageous, today cowardly. Between these two parameters an entire lifespan is made painful and sorrowful by the Castilian spur that drew blood on his flanks, by the belicose bits the conquerors ground into his mouth and by the *cacaxtes*, the packmule harnesses worn by men.

The indigenous towns lack cohesion; in them as well as in their individuals the social subject is lacking; the person does not exist. They are stagnated towns where too much worship is rendered to the absurd traditions that perpetuate darkness. That lack of criminal statistics deprives us of insight on such an important topic. It can be said that the Indian *in his judgment* is more given to larceny than to crimes of violence, but that in a state of drunkenness he is terribly criminal. One must also remember that he treats his family with excessive cruelty; he beats his wife barbarously and does the same to his mules and dogs. Truly, the Indian shows psychically undeniable symptoms of degeneration; he is fanatic, drug-addicted and cruel.

27. Aetiology

Now the symptoms that signal the decadence of the indigenous race have been ennumerated, the causes must be studied:
    a) Meager diet of little nutritive value.
    b) Absolute lack of hygiene.

c) Excessive work.
d) Premature marriage.
e) Tropical diseases.
f) Diseases that, although not original to the environment, have quickly spread (syphilis, tuberculosis, etc.)
g) Alcoholism.
h) Poverty.
i) Lack of crossbreeding.

Alcoholism is the factor that has most characterized the degenerative defects of the Indian. It is well known to what extent brandy is consumed among the population, whose poverty and debasement are drowned in order to give way to a hurricane of rejoicing that blows fiercely over the last ruins of indigenous life.

I do not want to go into detail regarding the fact that the nation of Guatemala lives off the income paid by the health of its inhabitants. A nation whose organization is based on immorality is beyond all rights, beyond civilization and commits the gravest crimes against humanity. Of what good are the laws set down to favor the Indian if for each law there are hundreds of demijohns to undermine his organism?

It is not necessary to go into more detail on this subject. Poorly fed individuals who live in dirty dwellings without the slightest precepts of hygiene, whose bodies are filthy, who work from ten to eleven hours daily in rough and fatiguing field work, who drink enormous quantities of brandy and corn beer, who return from the coast or from military service (in ports and the capital city) with syphilis or gonorrhea, place unquestionable numbers of zeros on the scales of Guatemala. These constitute the greatest danger for national life. If one adds to the mesological causes ennumerated, the prime causes, the germ of vital regression that exists in societies that have had to struggle over long years with multiple adverse factors, the conclusion is unfavorable.

Indigenous misery has left no road open to salvation for the population. These groups go on living an afflictive existence in poverty that would shame any nation, but which does not concern us in the least. The indigenous populations give the impression of huge asylums for beggars, jails for criminals, waiting rooms for cemeteries, where clouds of brandy and corn beer extend over rotting flesh and numb organs gasping in the throes of a slow death. Societies that present such profound anomalies in their development, that are retrogressing, whose moral and economic confusion are extreme, that lack legal conscience and intellectual and moral health, cannot be the basis upon which the future of a nation such as Guatemala rests or justly aspires to the ways of perfection that will permit it to live a better reality.

CHAPTER VI

Social Therapeutics

28. Social Therapeutics

Degenerative characteristics, sociographical and sociorganological studies of the problem, and especially "the feeling of the land" as an intuition for understanding seem to me to be unerring proofs that Guatemala is endangered by the path of devitalization that it is following and that there is an urgent need to apply the fertile action of science to arrest or destroy the disease.

Social laws are inexorably fulfilled and mortally wounded organisms like our group will die out unless leaders do not save them in accord with the means available through social therapeutics. Social organisms as well as individuals, are exposed to illnesses that in many cases are difficult to cure. When human societies sicken due to non-functioning of their organs (individual, family, municipality, etc.) or due to social anemia which weakens them, or diseases of an economic, moral and intellectual nature, the application of medicine to restore them is urgent. The study of these medicines is the charge of social therapeutics.

29. Measures for Arresting the Disease

Indigenous social reality presents such complicated chronic illnesses that many people consider the cure to be impossible. Although I am not among those who believe the task to be easy, but rather because nothing would be gained by merely listing our diseases in this thesis, I wish to propose measures that must be employed in order to save the numerous social organisms that constitute very important elements of national life. There are, on the one hand, measures that purport to arrest the illness (palliatives), and on the other hand, measures that tend to destroy it.

Much has been said regarding the farmers. Doctor Antonio Larrazábal (1810), Fray Matías Córdova and Fray Antonio de San José Muro (1797), and Licenciado Antonio Batres Jáuregui (1893) undertook studies designed to benefit the situation of the Indian and prevent his complete debasement and ruin. The most meritorious writings of such learned men gather dust in the archives and their beneficial goals were never verified.

The same measures that have been repeated up to the present time were being proposed to improve the Indian and his living conditions: make him owner of small parcels of land; oblige him to grow new crops; do not oblige the Indians that have their own sown land to work on the farms of the whites; consider the Indian incapable of contractual obligation and in this way provide for a specific tutor to intervene in his contracts; avoid the abuses of the religious fraternities and of the sacristy and parish services; stimulate him, make him speak Spanish, attempt to have him wear clothes and dress like the ladinos; create needs for him; teach him to read and write; eradicate the vice of alcohol from his life; prevent ill treatment by the ladinos; promote crossbreeding and immigration.

For my part I propose the following measures in order to control the degeneration of the indigenous classes:

a) *Premature Marriage.* Among the indigenous race the woman is generally a mother at thirteen or fourteen years of age, at a time when the development of her reproductive organs is not yet complete and when there still has not been sufficient preparation to bear physically strong beings. If to this factor we add a second — that, due to the same lack of development, child rearing is defective — it is easy to explain the lack of vigor that is producing this visible vital regression that we have previously denounced. Scientifically these marriages harm society, since they produce totally unprepared human beings.

These unions must also be rejected on spiritual terms, because, if their material aspect leaves much to be desired, the spiritual factors do not even appear. It is in this way that physically weak and spiritually defective beings are produced. The mother lacks formation, moral and material personality, and if one takes into account the very important role that societies entrust to the mother (the education of the children), what we have said regarding the social infeasibility of premature unions is confirmed.

There is something more serious from the moral point of view. It is a question of young girls whose parents sell or hand them over to a man, or of young girls that are perverted due to the easy circumstances of sexual relations that exists among them. Such a deep lesion in the Guatemalan social organization must not be maintained. It must be prevented: science, morality and life demand it. Premature marriages and the unions of women who have not reached a certain age set by doctors and teachers on the basis of studies must be prohibited.

Guatemala will not be saved by weak beings that breed weak children. All peoples prepare those who will replace them as they see fit, endowing them with great physical, moral and intellectual vigor, bequeathing upon them the legacy of their scientific and artistic conquests, the legacy of their experiences and hygienizing the environment in which they must act. As though the old trees were important and the evil and shame which they represent were to endure, we take more care of the old trees, of what they do and think, than of the new little hands that cling to their mothers; little bodies already twisted by the socially degenerate environment. They worsen as they grow because the indigenous mother ignores the most elemental principals of puericulture (they give tortillas to three-month-old babies!) When we see a healthy child we believe in life, but it offends us to find a palid and sickly one, because his paleness and sickness contain a terrible negation. The criteria of our Civil Code cannot be put forth in this case because reality and science are contrary to what our Code states.

b) *Poor Nutrition.* The high nutritive value of corn and beans makes one think that a diet based on these elements is unsurpassable. We have heard from many of our people that the Indians are strong because they consume a lot of tortillas and beans. But, we wonder, can this be true?

I do not believe so, in spite of the fact that corn contains little fat and sufficient protein and its dietary value is equal to sugar, butter and bacon and is important for digestion because it contains dextrin. Even though beans surpass corn in regard to albuminoide richness, the Indian diet is poor. The tonic foods, meat and eggs, are lacking in their dietary system. Eggs are rich in organic phosphate combinations (lecithin) and iron (hematogens) and a good dietary system cannot do without them.

A special study must be made in order to determine the dietary system quantitatively and qualitatively appropriate for the Indian. In the meantime, he must be persuaded to introduce meat and vegetables into his diet. His lack of energy, his reduced number of red blood cells, and the slight height and weight that he presents, perhaps have their origin in his poor diet. We should bear in mind that each individual should receive a complete portion, but when this does not happen and it is reduced, the case is extreme. Insufficient or meager food cannot serve as the basis for a life that must carry out its goals vigorously.

When a mule sickens, the owner takes notice, studies the disease, improves the conditions and does everything possible to save it, but this is not the case with the Indian who has been ailing for many years. Would the lot of the majority of Guatemalans have been a better one if they had been born mules?

c) *Excessive Work.* The social labor law like all social laws is inexorably fulfilled. A careful analysis leads us to the conviction that it is the case of a universal law. All nature works. When this conviction did not exist in individuals, the struggle to avoid work was formidable. Long and closely written pages of history collected the events. At the present time the debate revolves around the number of working hours. The recognition of the personality as an unalienable right brought with it very important accessory rights, such as the right to health. Of course, man accepts that he must work but not work to the point of wearing himself out, like a slave that turns the grindstone, or without going any farther, like our Indians who at present work to the point of exhaustion.

We hear farm owners say that the Indians are lazy, but out of respect to the true facts, exactly the contrary must be affirmed: the Indians work too hard, and they work very little because they work too much. Thus their work performance at present is insufficient due to the fact that long hours of prolonged fatigue are imposed upon them. I do not deny the motives these persons may have for condemning the Indians as lazy, but I am warning that this does not authorize them to oblige the Indians to work like beasts of burden, infringing upon the most precious guarantees of the personality, protected by our constitution.

Too much work jeopardizes health, and who knows if the laziness (eleven hours of work) the farmowners complain about only points to the exhaustion of the Indian's muscular system. Inhumanity was prolonged during our unfortunately named "Independent Period" and after one hundred years of *freedom* the Indian, like a slave, tiredly turns the grindstone of our agriculture. The work of the so called "bearers" is much harder. They carry packs that weigh between 150 and 170 kilograms. A mule's load! (Usually the Indian women carry nine arrobas* from Tuzan Juyo to Sololá.) What energy are men who work under similar conditions going to have left? Thus just as the working hours of the Indian must be reduced, they must also be prohibited from carrying burdens. Although one could argue that the "bearers" are going to die from hunger by such a prohibition, it is not worth the salary they earn.

The consideration of hygiene, education and crossbreeding as measures to arrest the degeneration of the Indian all merit separate treatment.

Translator's Note: A Spanish weight of about 25 pounds; thus about 225 pounds in this case.

CHAPTER VII

Education, Hygienization, Crossbreeding

We began the study of those measures that we believe to be among the most important of our so-called own resources. Their treatment completes our purpose. The increasing interest among civilized countries for the material, moral and intellectual welfare of the popular classes should in some part extend to this country. Perhaps in some hour of supreme affliction, gathering strength from our own strengths, we may leave behind the comfortable and busy city to offer blessed relief to the people who are dying of poverty in the countryside.

Education

The Indian must be educated for the purpose of changing him from a slave into a free man, from an egotist into a man that is useful to his fellowman, from a person unskilled for life into a trained and intelligent one. Common sense advises transforming the indigenous social environment on the basis of education. Make the Indian think. Make him feel. Make him act. It is not my intention, nor would it fit into a few lines, to undertake a complete study of the many questions that should be dealt with in regard to indigenous education. My intention is to emphasize the points that I consider most urgent.

The Environment

The reluctance for schooling that blocks the educative task in the indigenous towns, makes one think that it is a matter of an irredeemable race, a group of animals resistant to progress. It darkens the clear optimism we place in education. But if we consider the environment further, we find that it is not a matter of an irrational refusal on the part of the Indian to attend school. There is a bitter underlying cause: his poverty. His poverty forces him to make use of his children's small services from a very early age. Need, custom and belief contribute negatively to school attendance.

To this factor is added the natural distrust that parents feel about the instruction their children receive in different subjects. The courses that are the most interesting from the point of view of personal use, would awaken an interest in the parents that their children learn, by sending them regularly to school (new topics on farming, breadmaking, animal husbandry, etc.).

In conclusion, we believe that indigenous social environment is not resistant to education and that in order to achieve it, not only among children but among adults, it is necessary to harmonize school work with the daily needs of the home, not to demand large homework assignments, to establish school breakfasts, since one can hardly teach children who have not eaten breakfast, and to formulate a plan appropriate to their capacities.

The School

Among the types of schools Doctor J. Epaminondas Quintana has classified in his thesis as presently existing in Guatemala, the one that interests us most is the village school. The village school is "a single room, nearly always badly ventilated, with worse lighting, and a bad floor and walls decorated with all kinds of signs dirtied by a thousand suspicious substances, containing a single window and door." As Quintana has said in regard to schools, "We have to begin." A modest country school with supplies and good hygienic conditions would be desirable. The ideal school for the Indian on the basis of his temperament, his precarious health and his atavistic habits would be the "open-air school."

Orientation

In regard to the sociological orientation of the school, it is necessary to take into account the well-developed egotistical sentiment that exists in the Indian and in his relations with others, that are bereft of any exalted principles of sacrifice. The school that is practically useless to Guatemala is the one based on the present system, where the few working hours are spent teaching the alphabet and numbers to the students, as though these were the most interesting subjects.

What orientation should be given to the indigenous school? Of course, feelings of justice and love need to be imparted to human beings. We have a great need for justice and a great need for love. The family must be formed on the basis of these exalted feelings: the family, societies, cities, and the Guatemalan nation. Let us educate the Indian in the ideas of solidarity and cooperation, let us nourish faith and hope in his creed of life and awaken in him a sympathy for his fellow man, for his animals and for his land. The formative task of the school is difficult, since it must struggle against the environmental sentiments that the most absurd utilitarianism has sown all along a road that can only be traversed with bloodshed.

In regard to content, as is natural, we should begin by teaching them Spanish. To teach the Indian in his own dialect, in addition to being more difficult, is jeopardizing. The basic courses (reading, writing, arithmetic) are the roads that lead man to contact with past or distant cultures. If these courses were to be taught in his dialect, the labor would be destroyed at its source, because these roads that are so long would turn out to be very short. And so, of course, it goes without saying that in this regard the school is where a nationalist campaign must begin. One of these bases is the uniformity of language.

Adult education must also be undertaken. This task would propose to prepare the Indian for a more healthy comprehension of his social relationships, combat his superstitions without wounding him, afford him new farming methods and teach him his civil rights and the correlative obligations as well as the personal cleanliness that is so neglected among them.

Perhaps education will save us from danger; however, even in optimistic terms I think there is not enough medicine for our disease.[1]

Hygienization

Due to the Indian's ignorance and his natural repulsion for the ladino, our social environment presents a serious hygiene problem, an extreme case we might say. A hygienist encounters a limited field of action in Guatemala. To date we have placed hygiene on a secondary plane, thus explaining the lack of cleanliness that is noted even in persons of the upper classes. Everything that has been done is reduced to dictating rules that are not observed. The population does not possess even the most indispensable elements and thus cleanliness in person and dwellings cannot be required of the people. The Indian is the prototype of the anti-hygienic person; proof of this is the facility with which diseases spread among family members.

Although a great deal could be written about this measure of controlling the malaise of the indigenous classes, we will limit our statement in order to clarify that the Indian lives given over to his natural impulses, a life bereft of hygiene.

Crossbreeding

Among its goals, crossbreeding or mestization proposes the racial, cultural and linguistic homogeneity of a nation that has social segments of backward civilization or culture, and higher civilization or culture.

Mestization would undoubtedly have offered the Indian an opportunity to pass from his primitive social state to the social state that

---

[1]See the syllabi prepared by the author for literacy schools of the Popular University of Guatemala.

European civilization left in these lands. Among the obstacles that impeded it are the following:

I. *Legal Prohibitions.* The prohibition that Spaniards effect unions with Indians. When such unions were authorized it was already too late.

II. *Civilization Differences.* Indigenous and Spanish social environments differ profoundly. Language, customs, beliefs, ways of being, thinking and feelings. This obstacle alienated them. They could not understand each other, nor flourish in a new society nor in a fraternal sense of humanity. The differences noted deepened, as was previously stated, the separation, between the Indian and the Spaniard. The Indian suffered the ill-treatment of the Spaniard and when the animal got tired, he paid for it.

Crossbreeding is more feasible when there are two peoples that possess a similar degree of civilization. At the present time, the Indian, due to the barbarous procedures of which he was a victim, retains a feeling of hostility for the white person, a feeling that has been transmitted from one generation to another down to our times. The Municipal Lands Decree further engrained hatred toward the mestizo in the Indian soul.

Notwithstanding the above, as well as the fact that the ladino is on a different cultural plane than the Indian, it should be noted that no racial incompatibility, physical impediments, or sexual incompatibility exist. The very acceptable homogenesia produced by both sectors of the Guatemalan population is beneficial for mestization.

When speaking of the degenerative characteristics that the indigenous race presents, I noted that, in addition to those that can be classed as exterior ones, there is an ancestral perversion, an evil all its own, one that runs deep and conducts that race to its decline with alarming efficiency. Knowing this makes us think of the need for a remedy that will attack the disease in its cause, a causal remedy, and to this purpose the last chapter is directed.

CHAPTER VIII

Immigration

30. Measures for Destroying the Disease

Immigration. If indigenous reality varies in time, it is not natural that the remedies that were proposed to cure its ills yesterday can be used today, nor that those used today can be used tomorrow.

In the past is was thought that in order to improve the native, one should make him a small landowner, oblige him to grow new crops, clothe him, and, to say it once and for all, stimulate his physical-psychic faculties, creating material needs and spiritual aspirations in his life. That was fine yesterday. But today, in this new moment, such measures must be rejected as inefficient. The Indians overwork! They sleep on mats or on the ground! They do not wash themselves and are filthy and lice-ridden! They get drunk! All this fades in importance when the problem is considered from its gravest and most significant aspect, his profound defects stem from a racial background that is insufficient.

What could education do in this case? Although I have never wished for a moment to deny the importance of education, it is not enough. Think about it and you will agree with me that education is insufficient, that it is not enough. There is something more that escapes its benevolent action; something deeper that lies in the inheritance of each individual. Due to the importance I place on education as a means for arresting the disease, I must refer to it in particular. The effects of chicha on nutrition is an action similar to that of phosphorus and morphine, and since it acts on an organism more intensely than alcohol, it naturally has a more corrosive influence on reproduction.

"When a pregnant woman drinks alcohol it passes through her circulatory system to exert its toxic action on the fetus."

I now ask, what can education do with generations that have been exposed for so many years to this corrosive influence upon them? Can education restore their energy to beings that have come into this world with such profound degenerative defects? I should say before going any farther that I am not contradicting my optimistic opinion in the previous chapter regarding education. There it was a matter of palliatives, or medicine to contain the disease; here it is a matter of causal remedies that attack the disease in its cause and destroy it.

One must also take into account the work the vital forces of the country would have to sustain in order not to stop their educative task for a single moment. Will this be feasible in a nation that changes its government so easily, or moreover, among governments that change their ministers so frequently? Whoever is current on our procedures in these matters knows that an incoming minister attempts to undertake new projects, abandons those undertaken by his predecessor and, if this person is a political enemy, he rejects them. One must then distrust everything that education could do. On the one hand we see the weakness of the organisms that must be educated, and on the other, the nature of the educative task, which is a reflection of our lack of political seriousness, a transitory and discontinuous labor.

The foresight man acquires from scientific methods must prevail in his struggle against the environment. Therefore no matter what may be done regarding hygiene, it is still awaiting a solution in our national life, and the indigenous race will not be saved from its degeneration. The indigenous race is in physiological decadence and who will deny that this is worse than death? The deleterious action of the tropics has contributed to his degeneration and to all this is added yellow fever, uncinariasis and the other parasitic and microbic afflictions that the Indian suffers.

Let the observer forget for a moment the extrinsic influences that have been presented and focus his attention on the following fact, in order to convince himself completely that what education and hygiene could accomplish would not be sufficient to save Guatemala from ruin. The Indians have worn themselves out. Their blood has only flowed round in a circle over innumerable generations. New blood, renewing streams that mend the fatigue of his systems, life that bubbles vigorously and harmoniously, is needed.

New blood: this is our hope for saving the Indian from his present condition. His functional deficiencies, moral vices and biological fatigue must be counterbalanced. He must be brought back to life in order to perceive, in this time of turmoil, the obligation that he has to contribute to the triumph of the ideals that humanity strives to attain.

The stagnation of the indigenous race, its immorality, inaction and rude way of thinking have their origin in the lack of blood lines that will push it vigorously toward progress. The United States of America and the Argentine Republic are often cited as examples of what immigration does for nations.[1] If it is a question of looking for exam-

---

[1] The Republic of Argentina, which in 1810 had only 500,000 inhabitants, today has 6,000,000. Buenos Aires, which was a port of 45,000 inhabitants, today has 1,200,000.

ples, let us look at the crossbreeding there has been among us (German with Indian) and the improvement is easily seen. The children of German men and Indian women are robust and well-endowed; physically one could not ask for more from an esthetic point of view.

It is a matter of an exhausted race. Thus in order to save it, there is first a need for a biological remedy prior to economical, psychological or educational remedies. The Indian needs life, blood and youth! Let the same be done with the Indian as with other animal species when they show symptoms of degeneration. When cattle were first imported to Santo Domingo by Columbus on his second voyage, they underwent great degeneration. Dogs as well as plants underwent important modifications. In order to improve the cattle it was necessary to bring in new types, the same for dogs and plants.

Thus the question, why aren't elements of some other vigorous and more suitable race brought in to improve our Indians? It's a heroic remedy, a minority still stirred by romantic impulses of patriotism would say, that same impulse that led our forefathers to concern themselves very little with reality, and much more with what they experienced through novels and ceremonies. Nonetheless, I accept the adjective of heroic.

Those untouched by the disease satisfy themselves in their shortsightedness with repeating, why improve if we are at the "vanguard of civilization?" That same cliché is uttered to deceive those who command, rather than tell them that it is a matter of a sovereign nation, whose lips are wet with brandy and lives in misery, crawling under the whip, as cowardly as a dog. There are others who believe that the cure is worse than the disease. Under the influence of Chinese immigration, this argument may be valid for common people who do not think analytically.

The Chinese have inflicted the *coup de grâce* on our scale of values. A degenerate and vice-ridden race whose existence causes nausea and whose aspirations are laughable. The argument is used against my thesis without considering that it serves for its defense. How are we going to counterbalance the degenerative seed that Chinese blood has left in our veins except with new and vigorous blood? Degeneration closes in on us. The Chinese injects his vices and racial deficiencies into the exhausted vein of the Indian.

When he studied immigration ethnologically, Le Bon formulated three conditions for achieving a satisfactory result: 1) the races subjected to crossbreeding should not be very numerically unequal; 2) they should not differ too much in characteristics, and 3) they should be submitted to identical environmental conditions over a long period of time.

The first condition explains what would happen if a limited number of immigrants were brought in. There must be a large number of families among which the crossbreeding is practiced and, in addition, the flow of immigration should not be interrupted for many years.

The matter of the second condition is more complex. The greatest adaptability is achieved in the third and fourth generations, when at that time the maximum advantages of the remedy would be observed. In regard to the ethnic contingent that will be used, morphology, psychology and physiology will be important factors. Recalling the degenerative symptoms of the Indian and the description of his physical and psychic aspects that has been made, the following qualities must be especially sought in order to counterbalance his deficiencies and defects: superior weight and size, approximately eighty-two degrees of facial angle, white race with a nervous temperament (an appropriate one for torrid and mountain zones). With regard to psychology, sentiments of unselfishness and frugality, a solid moral basis in family affection, love of the land, honesty, sweetness and deeply-rooted customs of work and honor — agricultural races that are not fond of the city.

Types that meet the aforementioned conditions can be found in Switzerland, Belgium, Holland, Bavaria, Wutemberg and the Tyrol.[2]

This radical remedy will attack at its roots the illnesses that undermine the indigenous organisms. The medical doctor has found a lack of red blood cells, defective diet, the deleterious action of our mountain and coastal climates, tropical diseases and many others that are unknown. The biologist has found a marked diminishment in the quantity of urea. The physiologist has found meager weight and size and a lack of energy. Psychiatry has found very significant defective traits of criminality, nearly total lack of personality, and a lack of intellectual and moral life. The jurist has found the most horrifying ignorance of the law. The clergy has found an absurd understanding of the rites and dogmas of his religion. The moralist has found selfishness, the custom of lying and general low standards. The economist has found poverty and exhaustion. Everyone is interested in solving the problem. Let each one put aside his distrust, prejudices and petty boasting of independence and unite to face and attack without hesitation.

We must not get carried away and end up requesting laws. Laws alone are useless. For the present, and while immigration is being achieved, we must unite them in a vast campaign for education and hygienization of the environment in order to collect tomorrow the just

---

[2]In his book, *The Future of Spanish America*, Manuel Ugarte emphasizes that the most favorable immigration for the development of these nations is that which comes from Europe.

reward of satisfaction that is the lot of nations who do their duty. Our distrust for that which is done by the law rests, as one Americanist has said, on the fact that: "The Latin-American is distinguished for his fertile capacity for elaborating projects perfectly. There is no one better than he is. No one can better formulate plans, programs, statutes, constitutions, etc., with which everyone everywhere agrees. Nonetheless these beautiful theoretical plans are rarely carried out."[3]

The solution to the indigenous problems contains in itself the strengthening of liberties, the formation of the Guatemalan nation as the product of a spirit of solidarity and a community of aspirations among its inhabitants, the exterior security for the just respect that nations of qualitative worth inspire, and perhaps the improvement of our economic situation.

In order to solve the present problem of the Indian, at the same time that we open schools, we need to transfuse new blood into his veins. New blood, that is the goal.

Guatemala will be saved when the emotion of men who believe in life rains down along the roads. They will give it because they deserve to give it!

The last words knock at the door.

The disease runs deep and undeniable. No matter how much we are accustomed to viewing it as something fatal, we shield our eyes and deprive ourselves of measuring its consequences. That is what happens in the case of the chronically ill. The relatives complain automatically, they talk about the disease with astounding erudition and after all is said and done they say: "What's the use?"

The question of the future is a grave one. Where is Guatemala going, carrying the dead weight of its people on its shoulders? The anxiety is greater if instead of walking on level ground it walks over dangerous terrain, where the enemy raises the barricades of his gold and his weapons in the form of trusts and courtesy visits.

It is true that our case is a lost one for the pessimists. "What's the use?" But if they bask in the sunset of their fatalism, they deny the possibilities of improvement that every future holds and they settle for the casket they are building to bury Guatemala in. Here is a voice that brings forth the initiative of transforming the environment. "Crossbreeding," Le Bon writes, "is the only infallible measure that we possess to transform the character of a nation in a fundamental way, since only heredity is powerful enough to combat heredity." Let us transform the indigenous environment by means of immigration,

---

[3]Federico Starr, *American Journal of Sociology*, Number 2, 1918.

honoring the confidence the future has deposited in our hands in the form of a second life, nothing more.

31. Conclusions

I. In order to arrest the degeneration of the Guatemalan social group that includes the indigenous race, the following measures are to be employed:

    a)   Absolutely prohibit premature marriages and unions.

    b)   Quantitatively and qualitatively improve the diet.

    c)   Reduce working hours to eight.

    d)   Educate the Indian.

    e)   Hygienize his life.

    f)   Stimulate crossbreeding.

II. In order to destroy the disease:

    a)   Immigration.